Kauderwelsch
Band 129

AF721225

Impressum

Michael Korotkow
Usbekisch – Wort für Wort
erschienen im
Reise Know-How Verlag Peter Rump GmbH
Osnabrücker Str. 79, D-33649 Bielefeld

© Reise Know-How Verlag Peter Rump GmbH
3., neu bearbeitete und verbesserte Auflage 2020
Konzeption, Gliederung, Layout und Umschlagklappen wurden speziell für die Reihe „Kauderwelsch“ entwickelt und sind urheberrechtlich geschützt.
Alle Rechte vorbehalten.

Bearbeitung & Layout Claudia Schmidt
Umschlag Peter Rump (Coverfoto: Natalja Schakirova)
Layout-Konzept Günter Pawlak, FaktorZwo! Bielefeld
Kartographie Iain Macneish, Thomas Buri
Fotos Natalja Schakirova
Gesamtherstellung Himmer GmbH Druckerei & Verlag, Augsburg

ISBN 978-3-8317-6559-1

Printed in Germany

Wer im Buchhandel kein Glück hat, bekommt unsere Büche auch direkt über unseren Internet-Shop:

www.reise-know-how.de

Die Internetseiten mit Aussprachebeispielen und der Zugrif diese über QR-Codes sind eine freiwillige, kostenlose Zusatzleistung des Verlages. Der Verlag behält sich vor, die Bereitstellung des Angebotes und die Möglichkeit der Nutzu zeitlich und inhaltlich zu beschränken. Der Verlag übernimm keine Garantie für das Funktionieren der Seiten und keine Haftung für Schäden, die aus dem Gebrauch der Seiten res tieren. Es besteht ferner kein Anspruch auf eine unbefristet Bereitstellung der Seiten.

Der Verlag möchte die **Reihe Kauderwelsch** weiter ausbau und **sucht Autoren!** Mehr Informationen finden Sie unter ***www.reise-know-how.de/verlag/mitarbeit***

Kauderwelsch

Michael Korotkow

Usbekisch

Wort für Wort

Wir danken
Brigitte Heuer,
Stefan Michel,
Thomas Steinbach,
Rainer Klüsener
und Talip Törün
für wertvolle Hinweise.

Kauderwelsch heißt:

- Schnell mit dem **Sprechen** beginnen, auch wenn nicht immer alles korrekt ist.
- Von der **Grammatik** wird nur das Wichtigste in einfachen Worten erklärt.
- Alle Beispielsätze werden doppelt ins Deutsche übertragen: erst **Wort-für-Wort,** dann in normales Deutsch. Die Wort-für-Wort-Übersetzung hilft, die neue Sprache schneller zu durchschauen, außerdem lassen sich dadurch leichter einzelne Wörter im fremdsprachigen Satz austauschen.
- Es geht um die **Alltagssprache,** also das, was man tatsächlich auf der Straße hört.
- Die **Autoren** sind entweder Reisende, die die Sprache im Land selbst gelernt haben, oder Muttersprachler.

Kauderwelsch-Sprachführer sind keine Lehrbücher, aber viel mehr als traditionelle Reisesprachführer. Wer ein wenig Zeit investiert, einige Vokabeln lernt und die Sprache im Land anwendet, wird **Türen öffnen,** ein Lächeln ins Gesicht zaubern und reichere Erfahrungen machen.

Talk to each other!

Kauderwelsch Aussprachetrainer

Kauderwelsch zum Anhören

Einzelne Sätze und Ausdrücke aus diesem Buch können Sie sich **kostenlos anhören.** Diese **Aussprachebeispiele** erreichen Sie über die im Buch abgedruckten QR-Codes oder diese Adresse: www.reise-know-how.de/kauderwelsch/129

Die Aussprachebeispiele im Buch sind Auszüge aus dem umfassenden Tonmaterial, das unter dem Titel **„Kauderwelsch Aussprachetrainer Usbekisch"** separat erhältlich ist – als Download über Onlinehörbuchshops (ISBN 978-3-95852-155-1) oder als CD im Buchhandel (ISBN 978-3-8317-6059-6). Beide Versionen erhalten Sie auch über unsere Internetseite:

- **www.reise-know-how.de**

Alle Sätze, die Sie auf dem Aussprachetrainer hören können, sind in diesem Buch mit einem 👂 gekennzeichnet.

Inhalt

9 Vorwort
10 Hinweise zur Benutzung
14 Über die Sprache
18 Aussprache & Betonung
22 Wörter, die weiterhelfen

Grammatik

24 Hauptwörter
27 Hinweisende Fürwörter
28 Eigenschaftswörter
30 Steigern & Vergleichen
33 Persönliche Fürwörter
34 Besitzanzeigende Fürwörter
36 Sein & Haben
40 Tätigkeitswörter
44 Zeitformen & ihre Verneinung
52 Das Passiv
53 Die Fälle
58 Beugung der persönlichen Fürwörter
59 Umstandswörter
61 Fragen
65 Auffordern & Befehlen
67 Modalverben
72 Zusammengesetzte Tätigkeitswörter
74 Bindewörter
77 Verhältniswörter
81 Zahlen & Zählen
86 Mengen- & Maßangaben
87 Zeit & Datum

Konversation

95 Kurz-Knigge
98 Namen
99 Anrede
101 Begrüßen & Verabschieden
104 Bitten, Danken, Wünschen
108 Zustimmen & Ablehnen
110 Das erste Gespräch
115 Zu Gast sein
119 Unterwegs
138 Übernachten
144 Essen & Trinken
155 Einkaufen
161 Bank & Geld
163 Post
165 Telefonieren
170 Behörden
173 Fotografieren
174 Rauchen
175 Krank sein
183 Toilette
184 Schimpfen & Fluchen

Anhang

185 Literaturhinweise
187 Wörterliste Deutsch – Usbekisch
197 Wörterliste Usbekisch – Deutsch
208 Der Autor

Vorwort

Wer vorhat, Usbekistan auf eigene Faust zu erkunden, wird ohne Grundkenntnisse der usbekischen Sprache nicht auskommen. Nicht oft trifft man Menschen, die Deutsch oder Englisch sprechen. Wahrscheinlicher ist es, dass sie Arabisch oder Türkisch sprechen, Usbekistan gehört ja zum „islamischen Orient“. Bis zur Unabhängigkeit dominierte das Russische große Bereiche des gesellschaftlichen Lebens, wie Verwaltung, Wissenschaft, Ausbildung, usw. Russisch ist in den Städten zwar immer noch hilfreich, auf dem Lande, besonders unter jüngeren Leuten, aber rückläufig. Wenn Sie nicht als Fremder, sondern als Gast nach Usbekistan kommen wollen, so wird Ihnen allein das Bemühen um die usbekische Sprache viele Türen öffnen. Die Usbeken werden überrascht und sehr erfreut sein, wenn Sie ihre Sprache ein wenig sprechen können.

Usbekisch spricht man jedoch nicht nur in Usbekistan. Von etwa 25 Millionen Usbeken wohnen etwa 10 % in Tadschikistan und Afghanistan.

Dieser Kauderwelsch-Band vermittelt unkompliziert die Grundlagen der usbekischen Sprache. Es würde mich sehr freuen, wenn er Ihnen gute Dienste leistet, vielleicht sogar nicht nur in Usbekistan.

Michael Korotkow

Hinweise zur Benutzung

Der Sprachführer *Usbekisch* gliedert sich in die drei wichtigen Hauptabschnitte Grammatik, Konversation und Wörterliste.

Grammatik Die Grammatik beschränkt sich auf das Wesentliche und ist so einfach gehalten wie möglich. Deshalb sind auch nicht alle Ausnahmen und Unregelmäßigkeiten der Sprache erklärt. Wer nach der Lektüre dieses Büchleins tiefer in die Grammatik der usbekischen Sprache eindringen möchte, findet im Anhang Hinweise auf weiterführende Literatur. Es ist zwar sinnvoll, den Grammatikteil zumindest einmal zu überfliegen, doch können Sie auch sofort mit dem Konversationsteil beginnen und die Grammatik nur zum Nachschlagen verwenden.

Konversation In diesem Teil finden Sie Sätze aus dem Alltagsgespräch, die Ihnen einen ersten Eindruck davon vermitteln sollen, wie die usbekische Sprache „funktioniert", und die Sie auf das vorbereiten sollen, was Sie später in Usbekistan hören werden – denn was man vorher schon einmal gelesen hat, versteht man später viel leichter. Einige wichtige Wörter und Phrasen, die man in Usbekistan auch lesen können sollte, sind auch in kyrillischer Schrift wiedergegeben.

Benutzen Sie die Beispielsätze auch als Fundus von Satzschablonen und -mustern, die Sie selbst Ihren Bedürfnissen anpassen.

Wort-für-Wort-Übersetzung

Damit Sie die Wortfolge des Usbekischen in den Beispielsätzen nachvollziehen können, ist eine Wort-für-Wort-Übersetzung in kursiver Schrift ergänzt. Jedem usbekischen Wort entspricht ein Wort in der Wort-für-Wort-Übersetzung. Wird ein usbekisches Wort im Deutschen durch zwei Wörter übersetzt, sind diese in der Wort-für Wort-Übersetzung durch einen Bindestrich verbunden, z. B.:

Choy bor-mi?
Tee es-gibt-?
Gibt es Tee?

Werden in einem Satz mehrere Wörter angegeben, die man untereinander austauschen kann, steht ein Schrägstrich.

Restoran / Hojatxona qayerda?
Restaurant / Toilette wo
Wo ist ein Restaurant / die Toilette?

Da es im Usbekischen sechs Fälle anstatt der deutschen vier gibt und ein usbekischer Fall nicht immer dem verwendeten Fall im Deutschen entspricht, ist jedes gebeugte Wort mit der „Nummer" des jeweiligen Falls gekennzeichnet. Nicht gekennzeichnete Hauptwörter, Eigenschaftswörter oder persönliche Fürwörter sind ungebeugt, stehen also im 1. Fall. In dieser Form stehen die Wörter auch in den Wörterlisten. Ausführlich erklärt werden die Fälle im Kapitel „Die Fälle".

Zahlen

Um Ihnen den Umgang mit Zahlen zu erleichtern, wird auf jeder Seite die Seitenzahl auch auf Usbekisch angegeben.

Bu shahar-da mehmonxona ko'p.
diese Stadt-6 Hotel viel
In dieser Stadt gibt es viele Hotels.

Wörter oder Wortteile, die in Klammern stehen, können auch entfallen, sind der Deutlichkeit halber aber hier ergänzt worden:

(Men) o'ttiz yosh-da-man.
(ich) dreißig Alter-6-bin-ich
Ich bin 30 Jahre alt.

Abkürzungen

Ez	Einzahl (Singular)
Mz	Mehrzahl (Plural)
GZ	Tätigkeitswort steht in der *Gegenwart-Zukunft*
MG	Tätigkeitswort steht in der *Moment-Gegenwart*
BV	Tätigkeitswort steht in der *bestimmten Vergangenheit*
UV	Tätigkeitswort steht in der *unbestimmten Vergangenheit*
EV	Tätigkeitswort steht in der *Erzählvergangenheit*
Pass	Passivsilbe
?	Fragepartikel
2, 3 ...	bezeichnet die „Nummer" des Falls, in dem ein Wort gebeugt worden ist

Wort-für-Wort-Übersetzung

Mit Hilfe der Wort-für-Wort-Übersetzung können Sie die Beispielsätze leicht Ihren eigenen Bedürfnissen anpassen, auch wenn das Ergebnis nicht immer perfekt ausfällt.

Wörterlisten

Die Wörterlisten am Ende des Buches helfen Ihnen dabei. Sie enthalten einen Grundwortschatz Deutsch-Usbekisch und Usbekisch-Deutsch von je ca. 1.000 Wörtern, mit denen man schon eine Menge anfangen kann.

Umschlagklappe

Die Umschlagklappe hilft, die wichtigsten Sätze und Formulierungen stets parat zu haben. Hier finden sich schnell die wichtigsten Angaben zur Aussprache und eine kleine Liste der wichtigsten Fragewörter, Richtungs- und Zeitangaben. Aufgeklappt ist der Umschlag eine wesentliche Erleichterung, da nun die gewünschte Satzkonstruktion mit dem entsprechenden Vokabular aus den einzelnen Kapiteln kombiniert werden kann.

Wenn alles nicht mehr weiterhilft, dann ist vielleicht das Kapitel „Nichts verstanden? – Weiterlernen!“ der richtige Tipp. Es befindet sich ebenfalls im Umschlag, stets bereit, mit der richtigen Formulierung für z. B. „Ich habe leider nicht verstanden“ oder „Wie bitte?“ auszuhelfen.

Über die Sprache

Usbekisch gehört zur Familie der Turksprachen, die mit der Türkei beginnend in Richtung Osten, hauptsächlich aber in der ehemaligen Sowjetunion gesprochen werden. Die westlichsten Turkvölker sind die Gagausen in Moldawien und die Karaimen in Litauen.

Fast alle (35 bis 40) Turksprachen sind untereinander so ähnlich wie etwa Deutsch und Niederländisch. So haben zum Beispiel Soldaten der Turknationalitäten in der Sowjetarmee während der Sowjetunion eine Art von „Turk-Esperanto“ erfunden. Diese künstliche Sprache war für alle Turkvölker verständlich. Wenn Sie Elemente der usbekischen Sprache beherrschen, können Sie leicht auch andere Turksprachen erlernen: Türkisch, Aserbaidschanisch, Turkmenisch, Kasachisch, Kirgisisch, Tatarisch, Baschkirisch, Uigurisch ...

Wörter und Sätze, die man bei einem Aufenthalt in Usbekistan lesen können sollte, werden in diesem Sprachführer auch in kyrillischer Schrift angegeben.

Unter diesen ist das Uigurische (im westchinesischen Sinkiang) besonders eng mit dem Usbekischen verwandt.

Grammatik

In der usbekischen Grammatik läuft oft vieles „andersherum“ als im Deutschen: Im Deutschen stehen Verhältniswörter, Artikel, besitzanzeigende Fürwörter *vor* dem Hauptwort; im Usbekischen jedoch werden diese Wörter als Endungen an die Hauptwörter angehängt oder „angeleimt“, weshalb man die Turksprachen dem sogenannten „agglutinierenden“ Sprachbau-Typus zuordnet. Ein usbekisches Wort kann deshalb im Deutschen ganzen Phrasen entsprechen.

Der besseren Übersicht wegen werden die „angeleimten" Silben in der Lautschrift oftmals durch Bindestriche getrennt geschrieben.

xat *Brief*	(der, ein) Brief
xat-lar *Brief-Mz*	(die) Briefe
xat-lar-im *Brief-Mz-mein*	meine Briefe
xat-lar-im-da *Brief-Mz-mein-6*	in meinen Briefen
xat-lar-im-da-mi *Brief-Mz-mein-6-?*	in meinen Briefen?

Lautangleichung Ein weiteres Kennzeichen des Usbekischen ist die Lautangleichung (Konsonantenangleichung): Einzelne Silben verändern sich, je nach ihrer lautlichen Umgebung. Im Kapitel „Die Fälle" mehr dazu.

Schrift Usbekistan gehörte lange Zeit zur Sowjetunion. Die usbekische Sprache erfuhr in der Sowjetunion nach 1917 einige radikale Schriftreformen: Bis 1927 benutzten die Usbeken (wie fast alle islamischen Völker) die arabische Schrift. Von 1927 bis 1940 bediente man sich der lateinischen Buchstaben. Seit 1940 verwendete man die kyrillische Schrift. Übrigens gab es in anderen Ländern, in denen auch Usbekisch gesprochen wird, keine solchen Reformen. Man schrieb also immer mit der arabischen Schrift. Nach der Unabhängigkeit Usbekistans gab es dann auch Bestrebungen, die arabische Schrift wieder einzuführen. Diese setzten sich nicht durch. Stattdessen wurde die Einführung eines Lateinalphabetes beschlossen. Dabei wurde aber nicht die vor

In Usbekistan und Turkmenistan wird mit lateinischen sowie inoffiziell mit kyrillischen, in anderen Ländern der früheren UdSSR (Kasachstan, Kirgisistan, Tadschikistan) wird offiziell mit kyrillischen Buchstaben, und in Afghanistan und China mit arabischen Buchstaben geschrieben.

1940 gebräuchliche Schrift wiederbelebt, vielmehr wurde 1995 ein an der englischen Schreibweise angelehntes Lateinalphabet amtlich eingeführt. Der Übergang zur lateinischen Schrift geht allmählich vor sich. Man sieht des öfteren noch kyrillische Aufschriften und Publikationen.

Besondere Laute: Der „Knacklaut" (gilt im Arabischen als Mitlaut) bewirkt einen Stimmabsatz wie in „ver'eisen". Das so genannte Weichheitszeichen „erweicht" den vorangehenden Mitlaut, was vor allem in Wörtern russischer Herkunft wichtig ist.

Kyrillisch	Latein	Kyrillisch	Latein
А а	a	Т т	t
Б б	b	У у	u
В в	v	Ф ф	f
Г г	g	Х х	x
Д д	d	Ц ц	ts, s
Е е	e, ye	Ч ч	ch
Ё ё	yo	Ш ш	sh
Ж ж	j	Ъ ъ	' *(Knacklaut)*
З з	z		
И и	i	Ь ь	*(Weichheitszeichen, ist stumm)*
Й й	y		
К к	k		
Л л	l	Э э	e
М м	m	Ю ю	yu
Н н	n	Я я	ya
О о	o	Ў ў	o'
П п	p	Қ қ	q
Р р	r	Ғ ғ	g'
С с	s	Ҳ ҳ	h

Alphabet

2018 wurde dann auch noch beschlossen, die lateinschriftliche Rechtschreibung ein weiteres Mal radikal zu ändern, nämlich weg von den englisch inspirierten Doppelbuchstaben. Es leuchtet ein, dass die Durchsetzung der Lateinschrift dadurch nicht erleichtert wird.

Wird ein kyrillischer Buchstabe durch zwei verschiedene lateinische Schreibweisen repräsentiert, bedeutet dies, dass der kyrillische Buchstabe – je nach lautlicher Umgebung – unterschiedlich ausgesprochen wird.

Aussprache & Betonung

Die Aussprache des usbekischen Alphabets entspricht zumeist der Aussprache deutscher Buchstaben. Die Schreibung der Zischlaute entspricht oft deren englischen Schreibweisen bzw. erinnert an die konventionelle englische Wiedergabe russischer Wörter. Sonderzeichen sind nur die Buchstaben o' und g'. In der folgenden Tabelle werden nur diejenigen Laute aufgeführt, deren Aussprache für Deutschsprachige nicht eindeutig ist.

Achtung: Bei o' und g' sieht der Apostroph wie eine kleine „6" aus. Es gibt aber auch noch den „normalen" Apostroph, der einen „Knacklaut" bzw. Stimmritzenverschluss bewirkt und wie eine kleine „9" aussieht!

Laut	Aussprache / Beispiel
e	„ä" wie in „M**ä**dchen": **men** *(ich)*
g	weiches „g" wie in „**g**ütig": **uyga** *(nach Hause)*
g'	wie Zäpfchen-R in „**R**asen", aber ohne Vibration gesprochen: **qog'oz** *(Papier)*
h	„h" wie in „**h**aben", ist in jeder Wortposition deutlich zu hören: **bahor** *(Frühling)*
i	sehr kurzes „i" etwa wie in „b**i**tte": **biladi** *(er weiß)*; oder aber sehr schwaches und kurzes „e", schwächer noch als in „bitt**e**" (zudem oft betont): **otasi** *(sein Vater)*
j	„dsch" wie in „**J**ob": **javob** *(Antwort)*
k	weiches „k" wie in „**K**üche": **kun** *(Tag)*

Versuchen Sie „bitte" mit Betonung auf dem „e" auszusprechen!

ng	wie „ng" in „si**ng**en", aber ohne das „g" dabei mitzusprechen: **ming** *(tausend)*
ng'	wird dagegen getrennt ausgesprochen!
o	offenes „o" wie in „S**o**nne" **idora** *(Büro)*
o'	geschlossenes „o" wie in „S**oh**n", aber kürzer, manchmal auch wie „ö": **to'rt** *(vier)*
q	wie „k" in „**K**ralle", aber weiter hinten im Rachen gebildet: **qishloq** *(Dorf)*
r	gerolltes Zungenspitzen-R: **bozor** *(Markt)*
s	stimmloses (scharfes) „s" wie in „Wa**ss**er", auch vor p und t: **ism** *(Name)*, **sport** *(Sport)*, **student** *(Student)*
sh	stimmloses „sch" wie in „**Sch**rank" **shahar** *(Stadt)*
u	wie „u" in „**u**nd", aber sehr kurz, oft auch wie „ü": **ular** *(sie, Mz)*
v	wie „w" in „**W**asser", in manchen Wörtern Lippenlaut wie in engl. „**wh**at", nach o, o' und u wie „u": **havo** *(Luft)*, **ov** *(Jagd)*, **o'quvchi** *(Schüler)*
x	rauhes „ch" wie in „Ba**ch**" (niemals so sanft wie in „i**ch**"!): **baxtli** *(glücklich)*
y	wie „j" in „**J**ahr", am Wortende „ij": **yaxshi** *(gut)*
z	stimmhaftes „s" wie in „**S**onne" **biz** *(wir)*

o' und u werden oft auch als „ö" bzw. „ü" ausgesprochen. Man wird aber immer verstanden, wenn man sich an die angegebenen Regeln hält. Wenn man auf die Aussprache der Usbeken achtet, lernt schnell den richtigen Klang.

Apostroph

Wir kennen den Knacklaut auch aus dem Deutschen: „vereisen“ (= ver'eisen) mit Stimmritzenverschluss, aber „verreisen“ ohne!

Außerdem gibt es den Apostroph, welcher vor allem in arabischen Lehnworten vorkommt und einen „Knacklaut“ bezeichnet. Dieser bewirkt einen Stimmtonverschluss, d. h. der Luftstrom wird an dieser Stelle unterbrochen und setzt zum folgenden Laut wieder neu an. Nach einem Selbstlaut stehend bewirkt er eine längere Aussprache eben dieses Selbstlautes.

ba'zi *(gut)*	wie „ba zi“ (unterbrochen!)
qur'on *(Koran)*	wie „qur on“ (Knacklaut!) (und eben nicht „qu-ron“)

lang ausgesprochene Laute

Meistens werden usbekische Laute kurz ausgesprochen. Lang auszusprechende Laute werden dann auch doppelt geschrieben:

Lange Selbstlaute kommen im Usbekischen nur sehr selten vor. Dabei haben sie nichts mit offenen und geschlossenen Silben zu tun, wie es im Deutschen der Fall ist.

ikki	zwei
yetti	sieben

Lang ausgesprochene Mitlaute, wie das Usbekische sie kennt, sind der deutschen Sprache fremd. Bei der Aussprache verharrt die Zunge etwas länger, als es für den einfachen Laut nötig wäre. Sie klingen ungefähr wie die beiden „t“ in „Hat Thomas ... ?“ Lange Mitlaute gehen auch über die Grenzen von zwei Wortteilen:

Lange Mitlaute kennen Sie vielleicht auch aus dem Klang des Italienischen: „Mamma mia!“

ot-da
Pferd-6
auf dem Pferd

Doppellaute (Diphthonge)

Die meisten zusammenstehenden (aber unterschiedlichen) Selbstlaute muss man getrennt aussprechen. So spricht man z. B. im männlichen Vornamen Sait die Selbstlaute a und i nacheinander so wie in „**nai**v" aus, und nicht zusammengezogen wie in „**Sai**te"!

soat *(Stunde, Uhr)*	wie „so-at"
muallim *(Lehrer)*	wie „mu-allim"

Einige zusammenstehende Selbstlaute werden jedoch zusammengezogen ausgesprochen:

ovkat *(Essen, Mahlzeit)*	wie „aukat"
sovg'a *(Geschenk)*	wie „saug'a"
og'ayni *(Brüder)*	wie „og'aini"
keyin *(nach)*	wie „käin" (nicht wie dt. „ei"!)
boy *(reich, der Reiche)*	wie „boj"
tuy *(Fest)*	wie „tuj"

Betonung

In der Regel werden Wörter auf der letzten Silbe betont. In Ausnahmefällen ist der betonte Selbstlaut unterstrichen:

bozor	Markt
havo	Luft
albatta	natürlich

Wörter, die weiterhelfen

Manchmal braucht man in der Fremde nur ein paar wichtige Schlüsselwörter, die einem helfen, sich zurechtzufinden.

In den folgenden Beispielen kann man die „Lücken“ einfach durch Wörter aus den Wörterlisten ersetzen, ohne diese zu verändern.

Gibt es ... ?

Schnalzen

Oft wird wortlos verneint, indem man mit der Zunge schnalzt und dabei der Kopf leicht nach links hebt.

Siz-da ... bor-mi?
ihr-6 ... es-gibt-?
Haben Sie ... ?

Bu yerda ... bor-mi?
dieser Ort-6 ... es-gibt-?
Gibt es hier ... ?

... ovqat	... Essen
... avtobus	... einen Bus
... xona	... ein Zimmer

Die Antworten darauf lauten möglicherweise:

Ha, bor.
ja es-gibt
Ja, gibt es.

Yo‘q.
es-gibt-nicht
Nein, gibt es nicht.

Wo ist ... ?

... qayerda?
... wo
Wo ist ein / eine ... ?

dorixona	Apotheke
bank	Bank
avtobus	Bus
magazin	Geschäft
mehmonxona	Hotel
kasalxona	Krankenhaus
pochta	Post
telefon	Telefon

Ich brauche ...

Menga ... kerak.
mir(4) ... nötig
Ich brauche ein / eine ...

non	Brot
bu	das hier
bilet	Fahrkarte
xona	Zimmer

Hauptwörter

Im Usbekischen haben Hauptwörter (Substantive) eine Ein- und Mehrzahl, und sie werden (ähnlich wie im Deutschen) gebeugt.

Artikel

Im Usbekischen gibt es weder bestimmte *(der, die, das)* noch unbestimmte Artikel *(ein, eine)*. So kann z. B. kitob „ein Buch", „das Buch" oder einfach nur „Buch" heißen.

grammatisches & natürliches Geschlecht

Die Hauptwörter, die „unbelebte" Gegenstände oder Abstrakta bezeichnen, haben im Usbekischen kein grammatisches Geschlecht *(männlich / weiblich / sächlich)*.

Jedoch wird bei Hauptwörtern, die Lebewesen (also Menschen und Tiere) bezeichnen, das natürliche Geschlecht gekennzeichnet, indem für weibliche Lebewesen entweder die Endung -a an die männliche Bezeichnung angefügt wird, oder aber die Bezeichnung für das weibliche Lebewesen ein anderes Wort ist:

muallim	Lehrer	**muallima**	Lehrerin
shoir	Dichter	**shoira**	Dichterin
student	Student	**studentka**	Studentin
buqa	Bulle	**sigir**	Kuh
xo'roz	Hahn	**tovuq**	Huhn

Oft werden die betreffenden Hauptwörter auch mit einem geschlechtsspezifischen Wort zusammengesetzt, z. B.:

o'qituvchi *Lehrer*	Lehrer
o'qituvchi ayol *Lehrer Frau*	Lehrerin
o'quvchi *Schüler*	Schüler
o'quvchi qiz *Schüler Mädchen*	Schülerin
vrach *Arzt*	Arzt
ayol vrach *Frau Arzt*	Ärztin
mushuk *Katze*	Katze
erkak mushuk *Mann Katze*	Kater

Mehrzahl

Um die Mehrzahl (Plural) zu bilden, wird die Endung -lar an das Hauptwort angehängt.

Dabei verändert sich der Stamm niemals. Es wird also nicht so wie oftmals im Deutschen (z. B. *Haus / Häuser*) gehandhabt.

Die Mehrzahlendung wird im folgenden in der Regel mit Bindestrich geschrieben, damit man sie leichter als solche erkennen kann. Im

Usbekischen wird der Bindestrich aber nicht geschrieben.

uy	Haus	**uy-lar**	Häuser
kishi	Mensch	**kishi-lar**	Menschen
shahar	Stadt	**shahar-lar**	Städte

Oft kommt man jedoch ohne die Mehrzahl-Endung -lar aus, da die Mehrzahl oft schon aus dem Textzusammenhang erkannt wird. Das ist immer dann der Fall, wenn vor dem Hauptwort eine Zahl oder eine andere Mengenangabe steht ...

besh kitob
fünf Buch
fünf Bücher

ko'p qalam
viel Bleistift
viele Bleistifte

... oder wenn das persönliche Fürwort oder das Verb bereits in der Mehrzahl steht:

Biz student-miz.
wir Student-(sind-)wir
Wir sind Studenten.

Ular muhandis.
sie(Mz) Ingenieur
Sie sind Ingenieure.

Dieses & Jenes

Die hinweisenden Fürwörter (Demonstrativpronomen) stehen immer vor dem Hauptwort, auf das sie sich beziehen. Die hinweisenden Fürwörter sind unveränderlich: es gibt keine Mehrzahlformen und keine Fälle. Ein hinweisendes Fürwort wird also auch dann nicht gebeugt, wenn das Hauptwort, auf das es sich bezieht, in einem anderen Fall als dem 1. Fall steht.

bu	dieser hier, diese hier
shu	dieser da, diese da
u	jener, jene
xuddi shu	(genau) derselbe, dieselbe

bu uy
dieses Haus
dieses Haus

bu uy-lar
dieses Haus-Mz
diese Häuser

u kishi
jener Mensch
jener Mensch

u kishi-lar
jener Mensch-Mz
jene Menschen

xuddi shu ayol
selbe diese-da Frau
dieselbe Frau

xuddi shu ayol-lar
selbe diese-da Frau-Mz
dieselben Frauen

Eigenschaftswörter

Die Eigenschaftswörter (Adjektive) sind wie die hinweisenden Fürwörter „dieses" und „jenes" hinsichtlich Mehrzahl und Beugung unveränderlich und stehen vor dem Hauptwort, auf das sie sich beziehen, z. B.:

chiroyli uy
schönes Haus
ein schönes Haus

chiroyli uy-lar
schönes Haus-Mz
schöne Häuser

Mit einem Eigenschaftswort und einem Hauptwort kann man schon einen ersten Satz bilden, und zwar Sätze, die im Deutschen mit dem Tätigkeitswort „sein" gebildet werden. Das Eigenschaftswort ist dem Hauptwort nachgestellt. Im Usbekischen wird in diesem Fall kein Tätigkeitswort benötigt.

Uy yaxshi.
Haus gut
Das Haus ist gut.

Uy-lar yaxshi.
Haus-Mz gut
Die Häuser sind gut.

Rang *bedeutet „Farbe"*, rang-barang *bedeutet wörtlich „Farbe-mit-Farbe" (persisch).*

Farben

oq	weiß	**pushti(rang)**	rosa
sariq	gelb	**binafsha**	violett
to'qsariq	orange	**jigarrang**	braun
qizil	rot	**kulrang**	grau
ko'k	blau	**qora**	schwarz
yashil	grün	**rang-barang**	bunt

wichtige Eigenschaftswörter

In der folgenden Liste sind die wichtigsten Eigenschaftswörter mit gegensätzlicher Bedeutung zusammengestellt.

yaqin	nah	**uzoq**	fern
chiroyli	schön	**xunuk**	hässlich
kasal	krank	**sog'lom**	gesund
qimmat	teuer	**arzon**	billig
boy	reich	**kambag'al**	arm
kuchli	stark	**kuchsiz**	schwach
oson	einfach	**qiyin**	schwierig
yengil	leicht	**og'ir**	schwer
to'liq	voll	**bo'sh**	leer
yaxshi	gut	**yomon**	schlecht
katta	groß	**kichik**	klein
yosh	jung	**qari**	alt
issiq	heiß	**sovuq**	kalt
iliq	warm		
och	hungrig	**to'q**	satt
toza	sauber	**kir, iflos**	schmutzig
uzun	lang	**qisqa**	kurz
baland	hoch	**past**	niedrig
tez	schnell	**sekin**	langsam
quvnoq	lustig	**g'amgin**	traurig
shod	fröhlich		
qiziq	interessant	**zerikarli**	langweilig
aqilli	klug	**ahmoq**	dumm
yoruq	hell	**qorong'i**	dunkel
to'g'ri	richtig	**noto'g'ri**	falsch

Steigern & Vergleichen

Eigenschaftswörter können im Usbekischen mit Hilfe von Endungen und Wörtern, die eine Steigerung ausdrücken, gesteigert werden.

Steigern

Die 1. Steigerungsstufe (Komparativ) wird gebildet, indem man die Endung -roq an das entsprechende Eigenschaftswort anfügt. Auch das gesteigerte Eigenschaftswort ist vor einem Hauptwort unveränderlich. Der Bindestrich wird im Usbekischen nicht geschrieben, er wird hier nur der Deutlichkeit wegen ergänzt.

shirin
süß

shirin-roq
süßer

shirin choy
süß Tee
süßer Tee

shirin-roq choy
süß-er Tee
der süßere Tee

Auch wenn das Eigenschaftswort gesteigert ist, kann man es einem Hauptwort nachstellen und dadurch einen Satz bilden, für den man im Deutschen das Tätigkeitswort „sein" benötigt.

Choy shirin-roq.
Tee süß-er
Der Tee ist süßer.

Für die 2. Steigerungsstufe (Superlativ) gibt es drei Möglichkeiten, nämlich mit den Wörtern eng *(am meisten)*, hammadan *(von allen)* oder juda *(sehr)*. Diese werden alle vor das entsprechende Eigenschaftswort gestellt.

eng shirin	**juda shirin**
am-meisten süß	*sehr süß*
der / die / das Süßeste	der / die / das Süßeste

hammadan shirin
von-allen süß
der / die / das Süßeste

Einen vollständigen Satz kann man mit dem gesteigerten Eigenschaftswort und dem nachgestellten zugehörigen Hauptwort bilden.

Eng shirin meva shu.
am-meisten süß Frucht diese-da
Diese Frucht da ist am süßesten.

Vergleichen

Zwei in ihrer Eigenschaft gleiche Hauptwörter werden verglichen, indem sie mit va *(und)* verbunden werden, das Wort bir-xilda *(gleich)* wird nachgestellt, und zum Schluss folgt dann das Eigenschaftswort, z. B.:

Ahmat va Nurmat bir-xilda katta.
Ahmat und Nurmat eins-Art-6 groß
Ahmat ist so groß wie Nurmat.

Ahmat *und* Nurmat *sind männliche Vornamen.*

Zwei in ihrer Eigenschaft unterschiedliche Hauptwörter werden verglichen, indem beide Hauptwörter nebeneinander stehen und das Eigenschaftswort nachgestellt ist. Das zweite Hauptwort wird im 5. Fall gebeugt, das Eigenschaftswort bleibt hier jedoch ohne Endung:

Germaniya O'zbekiston-dan katta.
Deutschland Usbekistan-5 groß
Deutschland ist größer als Usbekistan.

Wenn der Unterschied nicht so groß ist und man im Deutschen „ein bisschen“ sagen könnte, erhält das Eigenschaftswort die Steigerungsendung -roq:

Avtobus poyezd-dan tez-roq.
Bus Zug-5 schnell-er
Der Bus ist ein bisschen schneller als der Zug.

Persönliche Fürwörter

Die persönlichen Fürwörter (Personalpronomen) braucht man im Usbekischen anders als im Deutschen nicht zusammen mit dem gebeugten Tätigkeitswort zu nennen, da am usbekischen Tätigkeitswort die handelnde Person bereits eindeutig zu erkennen ist. Man verwendet sie in erster Linie, um die handelnde Person besonders zu betonen.

men	ich	**biz**	wir
sen	du	**siz(-lar)**	ihr, Sie
u	er, sie, es	**ular**	sie

Die Verwendung der zweiten Person Einzahl (sen) gegenüber Personen, die älter als etwa 12 Jahre sind, ist grob unhöflich!

Siz emas, u.
ihr nicht-seiend er
Er, nicht Sie!

Da die usbekische Sprache kein grammatisches Geschlecht kennt, bedeutet das persönliche Fürwort u entweder „er“, „sie“ oder „es“.

Die Höflichkeitsform ist mit der 2. Person Mehrzahl siz *(ihr)* identisch. Sie wird fast immer – außer bei kleinen Kindern – verwendet! Wenn es nicht eindeutig ist, ob man mehrere Personen, die man duzt, oder eine Person, die man siezt, anspricht, kann man die Mehrzahl-Endung -lar an siz anfügen.

Persönliche Fürwörter können wie Hauptwörter gebeugt werden.

Besitzanzeigende Fürwörter

Als besitzanzeigende Fürwörter (Possessivpronomen) werden im Usbekischen die persönlichen Fürwörter im 2. Fall (Genitiv) verwendet. Diese werden dem Hauptwort, auf das sie sich beziehen, vorangestellt. Darüber hinaus wird an das Hauptwort noch eine besitzanzeigende Endung angefügt.

Die besitzanzeigenden Fürwörter können nicht weiter gebeugt werden.

Auch hier gilt: Die Verwendung der 2. Person Einzahl (sening / -ing) *gegenüber Personen, die älter als etwa 12 Jahre sind, ist grob unhöflich!*

mening	**...-im**	mein
sening	**...-ing**	dein
uning	**...-si**	sein, ihr
bizning	**...-imiz**	unser
sizning	**...-ingiz**	euer, Ihr
ularning	**...-si**	ihr

Die vorangestellten besitzanzeigenden Fürwörter werden jedoch nur bei Betonung verwendet, deshalb entfallen Sie in der Regel. Vergleichen Sie:

mening kitob-im
mein Buch-mein
mein Buch
(und nicht deines!)

sizing kitob-ingiz
euer Buch-euer
Ihr Buch
(und nicht meines!)

kitob-im
Buch-mein
mein Buch

kitob-ingiz
Buch-euer
Ihr Buch

Endet das Hauptwort auf einen Selbstlaut, entfällt jeweils der erste Selbstlaut der besitzanzeigenden Endung. Endet das Hauptwort jedoch auf einen Mitlaut, entfällt jeweils der erste Mitlaut der besitzanzeigenden Endung.

bola-m	mein Kind
xotin-im	meine Ehefrau
ota-m	mein Vater

bola-si	sein Kind
ota-si	sein Vater
xotin-i	seine Ehefrau

Steht das Hauptwort in der Mehrzahl, steht die Mehrzahl-Endung -lar vor den besitzanzeigenden Endungen:

bola-lar-im
Kind-Mz-mein
meine Kinder

bola-lar-imiz
Kind-Mz-unser
unsere Kinder

do'st-lar-im
Freund-Mz-mein
meine Freunde

do'st-lar-imiz
Freund-Mz-unser
unsere Freunde

Sein & Haben

Im Usbekischen gibt es keine Hilfsverben „sein" und „haben", die wie im Deutschen zur Bildung zusammengesetzter Zeiten benötigt werden.

sein

Vom Tätigkeitswort e-moq (sein) gibt es überhaupt nur in der „bestimmten Vergangenheit" gebeugte Formen.

Es gibt im Usbekischen zwar das Tätigkeitswort e-moq *(sein)*, in der Gegenwart jedoch hat es keine gebeugten Formen. Statt dessen werden an das Hauptwort Endungen angehängt, die sowohl die handelnde Person als auch die gebeugten Formen von „sein" zum Ausdruck bringen (also *bin, bist, ist*). Die Endungen ähneln übrigens den persönlichen Fürwörtern.

In der Umgangssprache werden überdies die Endungen -dir für die 3. Person Einzahl *(„er / sie / es ist")* und -dirlar für die Mehrzahl *(„sie sind")* meistens gar nicht verwendet. Sie werden hauptsächlich nur in der Literatur verwendet. In den folgenden Beispielsätzen werden diese Endungen auch weglassen.

Auch hier gilt wieder: Die Verwendung der zweiten Person Einzahl (-san) gegenüber Personen, die älter als etwa 12 Jahre sind, ist grob unhöflich!

...-man	ich bin
...-san	du bist
...-dir	er / sie / es ist
...-miz	wir sind
...-siz	ihr seid
...-dirlar	sie sind

Men student-man.
ich Student-ich
Ich bin Student.

Biz(lar) student-miz.
wir Student-wir
Wir sind Studenten.

Sen student-san.
du Student-du
Du bist Student.

Siz(lar) student-siz.
ihr Student-ihr
Ihr seid Studenten. /
Sie sind Student(en).

U student(-dir).
er/sie Student(-er/sie)
Er / Sie ist Student(in).

Ular student(-dirlar).
sie(Mz) Student(-sie)
Sie sind Studenten.

Die Endungen werden auch an Eigenschaftswörter angefügt:

Men baxtli-man.
ich glücklich-ich
Ich bin glücklich.

U baxtli-dir.
er/sie glücklich-er/sie
Er / Sie ist glücklich

Verneinung von „sein“

Für die Verneinung von „sein“ stellt man das Wort emas *(nicht seiend)* nach, und an dieses fügt man nun die Personalendungen an:

Men student emas-man.
ich Student nicht-seiend-ich
Ich bin kein Student.

Men baxtli emas-man.
ich glücklich nicht-seiend-ich
Ich bin nicht glücklich.

Für die 3. Person Einzahl *(er, sie, es)* sowie Mehrzahl *(sie)* werden die Personalendungen in der Umgangssprache nicht benötigt. Es wird lediglich emas *(nicht seiend)* nachgestellt:

U student emas.
er/sie Student nicht-seiend
Er / Sie ist kein(e) Student(in).

Ular student emas.
sie(Mz) Student nicht-seiend
Sie sind keine Studenten.

U baxtli emas.
er/sie glücklich nicht-seiend
Er / Sie ist nicht glücklich.

Ular baxtli emas.
sie(Mz) glücklich nicht-seiend
Sie sind nicht glücklich.

haben

Auch für „haben" gibt es im Usbekischen kein eigenes Tätigkeitswort. Die Formulierung *„ich habe / besitze …", „du hast / besitzt …"* usw. wird mit den besitzanzeigenden Endungen und dem Wort bor *(es gibt)* formuliert. Dabei wird die besitzanzeigende Endung an das Hauptwort gehängt, das den „Besitz" kennzeichnet, bor wird nachgestellt.

Pul-im bor.
Geld-mein es-gibt
Ich habe Geld.

Qog'oz-im bor.
Papier-mein es-gibt
Ich habe Papier.

Savol-im bor.
Frage-mein es-gibt
Ich habe eine Frage.

Verneinung von „haben"

Für einen verneinten Satz (*„ich habe nicht ..."* usw.) ersetzt man bor *(es gibt)* einfach durch yo'q *(es gibt nicht, nein)*:

Pul-im yo'q.
Geld-mein es-gibt-nicht
Ich habe kein Geld.

Qog'oz-im yo'q.
Papier-mein es-gibt-nicht
Ich habe kein Papier.

Savol-im yo'q.
Frage-mein es-gibt-nicht
Ich habe keine Frage.

Tätigkeitswörter

Es gibt zusammengesetzte, umschreibende Zeitformen, aber eben auch solche, die nur aus einem Wort (aber verschiedenen Wortbestandteilen) bestehen.

Das usbekische Tätigkeitswort ist äußerst formenreich. Es gibt zahlreiche Zeitformen, die nur dazu da sind, feine Nuancen der Handlung wiederzuspiegeln. Es ist natürlich unmöglich, all diese Zeitformen im Rahmen dieses Sprachführers zu beschreiben. Nur die wichtigsten – und das sind schon einige – sollen hier erklärt werden. Selbst in einfachen Gesprächen sind sie bereits notwendig.

Grundform

Die Grundform (Infinitiv) der usbekischen Tätigkeitswörter besteht aus einem Stamm und der Endung -moq. In dieser Form werden die Tätigkeitswörter auch in den Wörterlisten und -büchern angegeben.

kel-moq	kommen
ishla-moq	arbeiten
yoz-moq	schreiben

Zeitform

Im Rahmen dieses Sprachführers werden nur diejenigen Zeitformen beschrieben, die aus einem einzigen Wort bestehen.

All diese „einfachen Zeitformen" haben ein ähnliches Bildungsschema:

Stamm-Verneinung-Zeitsilbe-Personalendung

Den **Stamm** des Tätigkeitswortes erhält man, indem man die Endung -moq der Grundform abstreicht.

Bei verneinten Sätzen schiebt sich zwischen Stamm und Zeitsilbe eine **Verneinungssilbe.**

Die **Zeitsilbe** – die auch nur aus einem einzigen Buchstaben bestehen kann – drückt die verwendete Zeitstufe aus. Die Zeitsilben werden in den folgenden Abschnitten beschrieben.

Die **Personalendung** repräsentiert die handelnde Person. Explizite persönliche Fürwörter sind nicht notwendig. Sie werden nur ergänzt, wenn auf der handelnden Person eine besonder Betonung liegt *(ich und nicht du!)*.

Es gibt zwei Arten von Personalendungen, nämlich die „vollen" und die „kurzen". Welchen Typ man jeweils benötigt, hängt von der verwendeten Zeitform ab.

Im Unterschied zum Deutschen kann sich der Stamm im Usbekischen nicht verändern. Es gibt also keine Fälle, die z. B. „nehmen – nimmt – nahm – genommen" entsprächen.

volle Endung	kurze Endung	
-man	**-m**	ich
-san	**-ng**	du
-di	**–**	er, sie, es
-miz	**-k**	wir
-siz	**-ngiz**	ihr, Sie
-di(lar)	**-lar**	sie *(Mz)*

Personalendungen

Die 3. Person Mehrzahl („sie") wird auch für unpersönliche Ausdrücke („man") benutzt.

Die Verwendung der zweiten Person Einzahl (-san / -ng) *gegenüber Personen, die älter als etwa 12 Jahre sind, gilt ebenfalls als grob unhöflich!*

In manchen Regionen werden die Personalendungen -di und -dilar nach stimmlosen Mitlauten wie -ti und -tilar ausgesprochen.

Für die 3. Person Einzahl *(„er, sie, es")* gibt es keine „kurze" Personalendung.

Tätigkeitshauptwörter

Tätigkeitshauptwörter sind Tätigkeitswörter, die aber im Satz wie Hauptwörter behandelt werden und somit auch nach Fällen gebeugt werden. Ihre Form erhält man, indem man die Grundformendung -moq durch die Endung -sh (nach Selbstlauten) bzw. -ish (nach Mitlauten) ersetzt.

Im Deutschen kennt man diese Art der Hauptwortbildung ebenfalls. In der Wort-für-Wort-Übersetzung wird das Tätigkeitshauptwort wie die entsprechende Grundform wiedergegeben, jedoch groß geschrieben.

o'qi-moq	lernen	**o'qi-sh**	(das) Lernen

Wortreihenfolge im Aussagesatz

Im Unterschied zum Deutschen steht das Tätigkeitswort in einem usbekischen Satz immer an letzter Stelle, z. B.:

Die verschiedenen Sonderregelungen, die für das Deutsche gelten (z. B. „Verb immer an der zweiten Stelle im Satz") haben für das Usbekische überhaupt keine Bedeutung.

Men kecha yaxshi kitob ol-di-m.
ich gestern gut Buch kaufen-BV-ich
Ich kaufte gestern ein gutes Buch.

Der Satzgegenstand (das Subjekt) steht am Satzanfang, und die verschiedenen Satzergänzungen (Objekte) dann im Satzinneren.

Die Zeitformen und ihre Kürzel in der Wort-für-Wort-Übersetzung werden im folgenden Kapitel erläutert.

wichtige Tätigkeitswörter

Usbekisch hat zahlreiche zusammengesetzte Tätigkeitswörter, bestehend aus einem allgemeinen Verb und einem weiteren Wort.

Dabei wird nur der verbale Bestandteil gebeugt, das andere Wort bleibt unverändert.

to'la-moq	bezahlen	
olib kel-moq	bringen	*genommen kommen*
o'yla-moq	denken	
taklif qil-moq	einladen	*Einladung machen*
tushuntir-moq	erklären	*verstehen lassen*
ye-moq	essen	
ket-moq	hinfahren, hingehen	
surat ol-moq	fotografieren	*Bild nehmen*
ber-moq	geben	
ol-moq	kaufen, nehmen, bekommen	
sotib ol-moq	kaufen	
kel-moq	kommen	
o'qi-moq	lesen, lernen, studieren	
sev-moq	lieben, streicheln	
qil-moq	machen	
yoq-moq	gefallen	
so'zla-moq, gapir-moq	sagen, sprechen	
uxla-moq	schlafen	
ko'r-moq	sehen	
o'yna-moq	spielen	
ich-moq	trinken	
tushun-moq	verstehen	
bil-moq	wissen, kennen	
o'tir-moq	sitzen, wohnen	
tur-moq	stehen	
yasha-moq	leben, wohnen	

Zeitformen & ihre Verneinung

Besonders die Literatursprache bedient sich gerne des ganzen Formenreichtums der Zeitformen.

Hier sollen allerdings nur die wichtigsten, nämlich zwei Gegenwarts- und drei Vergangenheitsformen, vorgestellt werden.

Gegenwart

Im Usbekischen gibt es mehrere Formen der Gegenwart. Die zwei wichtigsten sind die „Gegenwart-Zukunft“ und die 1. Form der „Moment-Gegenwart“.

Gegenwart-Zukunft

Diese Zeitform drückt entweder die Gegenwart oder die Zukunft aus. Im Deutschen verwendet man ja auch oft die Gegenwartsform, obwohl man eindeutig die Zukunft meint, z. B. *„Ich komme in zwei Wochen.“* Es gibt auch ausgesprochene Zeitformen für die Zukunft, aber diese sind selten gebräuchlich. In der Umgangssprache benutzt man dafür die Form der „Gegenwart-Zukunft“.

In der Wort-für-Wort-Übersetzung wird die Zeitsilbe mit *GZ* wiedergeben. Das Bildungsschema der Gegenwart-Zukunft ist:

Stamm + -a- / -y- + volle Personalendung

Die Zeitsilben -a- / -y- richten sich nach der lautlichen Umgebung im Wort: Endet der Stamm auf einen Mitlaut, nimmt man -a-, endet der Stamm auf einen Selbstlaut, nimmt man statt dessen -y-.

ber-a-man	**yasha-y-man**
geben-GZ-ich	*wohnen-GZ-ich*
ich gebe	ich wohne

Verneinung der Gegenwart-Zukunft

Für die Verneinung wird zwischen Stamm und Zeitsilbe die (übrigens für alle Zeitformen geltende) verneinende Silbe -ma- geschoben. In der Wort-für-Wort-Übersetzung wird die Verneinungssilbe mit „nicht" wiedergegeben.

kel-a-man	**kel-ma-y-man**
kommen-GZ-ich	*kommen-nicht-GZ-ich*
ich komme	ich komme nicht

In diesem Beispiel wird die Zeitsilbe -a- in der Verneinung durch -y- ausgetauscht, da sie nun nach einem Selbstlaut steht (hier: -a-) und nicht mehr nach einem Mitlaut (hier: -l-, s. o.). Es handelt sich hier nicht um eine Ausnahme!

Es gibt auch noch andere Möglichkeiten der Verneinung, z. B. mit Hilfsverben. Diese werden aber eher in der formellen Sprache (z. B. in öffentlichen Reden), und nicht in der Umgangssprache benutzt.

Zeitformen & ihre Verneinung

Momentgegenwart

Die Momentgegenwart beschreibt eine Handlung, die momentan, in diesem Augenblick, zum Zeitpunkt der Äußerung vor sich geht: „gerade dabei sein, etwas zu tun". Man kann sie sehr gut mit der englischen Verlaufsform *(„I am doing")* vergleichen. Die Zeitsilbe -yap- wird in der Wort-für-Wort-Übersetzung mit *MG* wiedergeben. Das Bildungsschema ist:

Stamm + -yap- + volle Personalendung

o'qi-yap-man	**o'qi-yap-di**
lesen-MG-ich	*lesen-MG-er/sie*
ich lese gerade	er / sie liest gerade

„Zeitlich bestimmt" ist eine Handlung, die zu einem genau definierten Zeitpunkt in der Vergangenheit stattgefunden hat (z. B. gestern, vor einem Jahr) und nicht „irgendwann einmal". Eine konkrete Zeitangabe ist aber nicht notwendig, und somit kommt auch Subjektivität ins Spiel (z. B. die Relevanz, die der Zeitpunkt für den Sprecher im Moment des Sprechens noch hat).

Verneinung der Momentgegenwart

Auch in der Momentgegenwart schiebt sich die Verneinungssilbe -ma- *(nicht)* zwischen Stamm und Zeitsilbe:

o'qi-ma-yap-man
lesen-nicht-MG-ich
ich lese im Moment nicht

Vergangenheit

Es gibt mehrere Formen der Vergangenheit, die sich in der „zeitlichen Bestimmtheit", in der Einmaligkeit bzw. Mehrmaligkeit der

Handlung und in der Evidenzlage des berichteten Geschehens (hat der Sprecher es selbst erlebt?, beruht der Bericht nur auf Hörensagen?) unterscheiden. Die Kenntnis dieser Formen sind für das Verständnis der schönen Literatur notwendig, für die Umgangssprache reichen diese drei Formen aus.

bestimmte Vergangenheit

Die „bestimmte Vergangenheit" ist die allgemeinste Vergangenheitsform und steht für abgeschlossene Vorgänge, die zu einem bestimmten Zeitpunkt in der (oftmals eher jüngeren) Vergangenheit stattgefunden haben.

Die Zeitsilbe -di- wird in der Wort-für-Wort-Übersetzung mit *BV* wiedergeben. Es werden die kurzen Personalendungen angefügt:

Der Zeitpunkt kann, muss aber nicht genannt sein; er muss aber vielmehr noch für den Sprecher „relevant" sein. Es ist nicht entscheidend, ob das Geschehen vom Sprecher selbst erlebt wurde oder auf Berichten anderer bzw. auf Schlussfolgerungen beruht. Dennoch ist das Selbst-Erlebt-Haben der häufigere Fall. Daraus ergibt sich auch die Verbindung mit der jüngeren Vergangenheit.

Stamm + -di- + kurze Personalendung

ishla-di-m	**ishla-di-k**
arbeiten-BV-ich	*arbeiten-BV-wir*
ich arbeitete	wir arbeiteten

Verneinung der bestimmten Vergangenheit

Die Verneinungssilbe -ma- *(nicht)* steht wieder zwischen Stamm und Zeitsilbe:

ishla-ma-di-m
arbeiten-nicht-1BV-ich
ich arbeitete nicht

„sein" in der bestimmten Vergangenheit

Das Tätigkeitswort e-moq *(sein)* bildet nur in der bestimmten Vergangenheit Beugungsformen. Es wird regelmäßig gebildet:

e- (= Stamm) + -di- + kurze Personalendung

Men student / kasal e-di-m.
ich Student / krank sein-BV-ich
Ich war Student / krank.

Verneinung von „sein" in der best. Vergang.

Um Sätze mit dem Tätigkeitswort „sein" in der bestimmten Vergangenheit zu verneinen, wird emas *(nicht seiend)* dem gebeugten Tätigkeitswort e-moq *(sein)* vorangestellt:

Men kasal emas e-di-m.
ich krank nicht-seiend sein-BV-ich
Ich war nicht krank.

Also geht es in der unbestimmten Vergangenheit um Dinge, die „irgendwann einmal" stattgefunden haben. Daraus ergibt sich auch die Verbindung zum Perfekt („Bist du schon mal in Samarkand gewesen?"). Die unbestimmte Vergangenheit ist zugleich die Zeitform für längere Erzählberichte, was mit der Verbindung zur entfernteren Vergangenheit und mit dem Nicht-Selbst-Erlebt-Haben zu tun hat.

unbestimmte Vergangenheit

Die unbestimmte Vergangenheit drückt abgeschlossene Handlungen aus, die zu einem unspezifischen (oder „irrelevanten") Zeitpunkt, oftmals in der entfernteren Vergangenheit, stattgefunden haben. Der Sprecher hat die Ereignisse oft nicht selbst erlebt. Andererseits entspricht die unbestimmte Vergangenheit aber auch oft dem deutschen Perfekt.

Die Wahl der Zeitsilben -gan-, -kan-, -qan- richtet sich nach der Lautumgebung. In der Wort-für-Wort-Übersetzung werden sie mit *UV* wiedergegeben:

Es lassen sich aber für die genannten Zeitstufen stets auch den allgemeinen Definitionen widersprechende Beispiele (von Muttersprachlern) finden. Hier kommt also das subjektive Sprachgefühl der Usbeken ins Spiel, das eben nicht unser Sprachgefühl ist.

Stamm + -gan- / -kan- / -qan- + Personalendung

Für die 1. und 2. Personen *(„ich, du, wir, ihr")* werden die vollen, für die 3. Personen *(„er/sie/es, sie (Mz)")* die kurzen Personalendungen verwendet.

-gan-	steht nach allen Lauten außer -g-, -k-, -q- und -g'-
-kan-	steht nur nach -g- und -k-
-qan-	steht nur nach -q- und -g'-

Es ist nicht schwierig, diese Varianten richtig einzusetzen, da man sie sozusagen automatisch korrekt ausspricht.

ishla-gan-man
arbeiten-UV-ich
ich habe gearbeitet

ishla-gan-miz
arbeiten-UV-wir
wir haben gearbeitet

tek-kan-man
berühren-UV-ich
ich habe berührt

tek-kan-siz
berühren-UV-ihr
Sie haben berührt

Aus der Grundform tegmoq *(berühren) wird* tekkan. *Aus* g *wird hier durch Lautanpassung* k.

chiq-qan
ausgehen-UV
er / sie ist ausgegangen

chiq-qan-lar
ausgehen-UV-sie(Mz)
sie sind ausgegangen

Verneinung der unbestimmten Vergang.

Die Verneinungssilbe -ma- *(nicht)* steht wiederum zwischen Stamm und Zeitsilbe. Da die

Zeitsilbe nun immer einem Selbstlaut folgt, wird in der Verneinung nur die Variante -gan- verwendet.

ishla-ma-gan-man
arbeiten-nicht-UV-ich
ich habe nicht gearbeitet

ich-ma-gan-siz
trinken-nicht-UV-Sie
Sie haben nicht getrunken

chiq-ma-gan
ausgehen-nicht-UV
er / sie ist nicht ausgegangen

Die Verwendung für Nicht-Selbst-Erlebtes ist bei der bestimmten Vergangenheit möglich und bei der unbestimmten Vergangenheit sogar häufig der Fall. In der Erzählvergangenheit ist aber ausdrücklich nur Nicht-Selbst-Erlebtes möglich. Dennoch kann man sie in der 1. Person verwenden. Dann zeigt sich der Sprecher gewissermaßen von seinen eigenen Taten überrascht. Oder es geht um unwillentliche Vorgänge (vergessen, einschlafen usw.).

Erzählvergangenheit

Die Zeitform der Erzählvergangenheit wird weniger häufig gebraucht. Sie kommt zum einen bei Schilderungen in Legenden u. ä. vor, zum anderen – und nur das ist für uns wichtig – bei ganz normalen abgeschlossenen Ereignissen, die der Sprecher aber nicht aktiv bezeugen kann, sondern nur schlussfolgert oder aus „zweiter Hand" weiterberichtet. In der Wort-für-Wort-Übersetzung werden die Zeitsilben mit *EV* wiedergegeben:

Stamm + -b- / -ib- + volle Personalendung

-b-	steht nach Selbstlauten,
-ib-	steht nach Mitlauten
Vor stimmlosen Mitlauten (z. B. -san, -siz) kann das b regional wie p gesprochen werden.	

Auch hier richtet sich die Wahl der Variante der Zeitsilbe nach der lautlichen Umgebung.

z. B. wenn man die Ergebnisse seiner Arbeit betrachtet und dann überrascht zu sich selbst sagt: „Ich habe ja wirklich gute Arbeit geleistet!“

ishla-b-man
arbeiten-EV-ich
ich habe gearbeitet

ishla-b-miz
arbeiten-EV-wir
wir haben gearbeitet

ishla-b-san
arbeiten-EV-du
du hast gearbeitet

ishla-b-siz
arbeiten-EV-ihr
ihr habt gearbeitet

ishla-b-di
arbeiten-EV-er/sie
er / sie hat gearbeitet

ishla-b-dilar
arbeiten-EV-sie(Mz)
sie haben gearbeitet

kel-ib-man
kommen-EV-ich
ich bin gekommen

kel-ib-siz
kommen-EV-Sie
Sie sind gekommen

Verneinung der Erzählvergangenheit

Auch die erzählende Vergangenheit wird verneint, indem man ma *(nicht)* zwischen Stamm und Zeitsilbe stellt.

Da die Zeitsilbe nun immer einem Selbstlaut folgt, kommt in der Verneinung nur die Variante -b- vor.

ishla-ma-b-man
arbeiten-nicht-EV-ich
ich habe nicht gearbeitet

kel-ma-b-siz
kommen-nicht-EV-ihr
Sie sind nicht gekommen

Das Passiv

Das Passiv (Leideform) ist sehr einfach zu bilden. Um ein Tätigkeitswort in das Passiv zu setzen, werden zwischen Stamm und Zeitsilbe die Passivsilben -l- / -il- / -n- / -in- geschoben.

Bildungsschema Stamm + -(i)l / (i)n- + Zeitsilbe + volle Endung

Die Passivsilbe wird mit dem Kürzel „Pass" wiedergegeben.

Die Varianten -l- / -n- stehen jeweils nach Selbstlauten, -il- /-in- nach Mitlauten. Dabei steht -(i)l- den rückbezüglichen Tätigkeitswörtern (z. B. „sich rasieren") näher, -(i)n- hingegen unseren passiven Tätigkeitswörtern (z. B. „rasiert werden"). Dennoch ist im Usbekischen die Unterscheidung nicht so deutlich wie im Deutschen.

Vergleichen Sie in diesen beiden Beispielsätzen das aktive und das passive Tätigkeitswort.

Men bu ish-ni qil-a-man.
ich diese Arbeit-3 machen-GZ-ich
Ich mache diese Arbeit.

Bu ish qil-in-di.
diese Arbeit machen-Pass-BV
Diese Arbeit wurde gemacht.

Pochta-ga qanday bor-il-a-di?
Post-4 wie gehen-Pass-GZ-es
Wie komme ich zum Postamt?

Meva qayerda sot-il-a-di?
Obst wo kaufen-Pass-GZ-es
Wo verkauft man Obst?

Die Fälle

Im Usbekischen gibt es sechs Fälle. Neben den ersten vier Fällen, die denen des Deutschen entsprechen, kennt das Usbekische noch den 5. Fall (Ablativ) und den 6. Fall (Lokativ). Dabei ist aber die Reihenfolge an einer Stelle unterschiedlich: der usbekische 3. Fall entspricht dem deutschen 4. Fall und umgekehrt.

Dies ist keine Willkür, sondern der inneren Systematik im Usbekischen geschuldet: Der usbekische 4. Fall ist eben nicht nur ein Dativ, sondern vor allem ein Fall der räumlichen Bewegung (wohin?) und steht somit in engem Zusammenhang mit dem 5. und dem 6. Fall, die ebenfalls räumliche Fälle (woher? bzw. wo?) sind. Der usbekische 3. Fall ist dagegen nur ein Akkusativ und hat mit räumlichen Verhältnissen nichts zu tun.

Im Usbekischen werden Wörter gebeugt, indem jeweils bestimmte Fallendungen angehängt werden. In der Wort-für-Wort-Übersetzung werden der 2. bis 6. Fall durch die jeweilige Fallnummer gekennzeichnet. Der 1. Fall hat gar keine Endung.

Fall	Endung	Frage
1. Fall	**–**	wer?, was?
2. Fall	**-ning**	wessen?
3. Fall	**-ni**	wen?, was?
4. Fall	**-ga**	wem?, wohin?
5. Fall	**-dan**	woher?, von wem?, wovon?, seit wann?
6. Fall	**-da**	wo?

Die Aussprache der Fallendungen kann regional einer Lautangleichung von -d- zu -t- sowie von -g- zu -k- bzw. -q- unterworfen sein. Die Endungen der Fälle können an Haupt-, Eigenschafts-, Fürwörter und auch an „dieser“ und „jener“ angehängt werden.

Beugung der Hauptwörter

Um Hauptwörter zu beugen, werden die im Kapitel „Die Fälle" beschriebenen Endungen an das Hauptwort angehängt.

2. Fall (Genitiv / Wesfall)

Der 2. Fall wird zur Angabe des Besitzes verwendet. Die Endung -ning wird an das Hauptwort, das den „Besitzer" bezeichnet, angefügt. Die Reihenfolge der Besitzangabe ist andersherum als im Deutschen. Darüber hinaus muss an das „Besessene" (hier „Mutter" bzw. „Vater") noch die besitzanzeigende Endung der 3. Person angehängt werden.

qiz-ning ona-si
Mädchen-2 Mutter-ihr
die Mutter des Mädchens

bola-ning ota-si
Kind-2 Vater-sein
der Vater des Kindes

3. Fall (Akkusativ / Wenfall)

Der 3. Fall entspricht dem deutschen 4. Fall, steht also für die direkte Satzergänzung (Objekt). Die Fallendung -ni wird an das Hauptwort jedoch nur dann angefügt, wenn man ihm im Deutschen den bestimmten Artikel hinzufügen würde. Insofern drückt die Endung des usbekischen 3. Falls die Kategorie der Bestimmtheit mit aus. Bei Unbestimmtheit (d. h. ohne Endung) wird der 3. Fall mit der Fallnummer in Klammern notiert.

Men ish-ni qil-di-m.
ich Arbeit-3 machen-BV-ich
Ich machte die Arbeit.

Men ish qil-di-m.
ich Arbeit(-3) machen-BV-ich
Ich machte eine Arbeit.

Men xat yoz-yap-man.
ich Brief(-3) schreiben-MG-ich
Ich schreibe einen Brief.

4. Fall (Dativ / Wemfall)

Der 4. Fall entspricht dem 3. deutschen Fall, ist aber auch (bzw. sogar hauptsächlich) ein Fall der räumlichen Bewegung bzw. Richtung. Die übliche Fallendung ist -ga. Nach g und k wird -ka angehängt, und auf -q- folgt -qa.

Men xat-ni dugona-m-ga yoz-a-man.
ich Brief-3 Freundin-mein-4 schreiben-GZ-ich
Ich schreibe den Brief meiner Freundin.

Biz qishloq-qa bor-a-miz.
wir Dorf-4 fahren-GZ-wir
Wir fahren aufs Land.

Übrigens werden die usbekischen Fälle keineswegs 1:1 wie die entsprechenden deutschen verwendet. Steht z. B. der deutsche 3. Fall mit einem Verhältniswort, wird im Usbekischen das Hauptwort überhaupt nicht gebeugt, bleibt also im endungslosen 1. Fall.

Men qalam bilan yoz-a-man.
ich Bleistift mit schreiben-GZ-ich
Ich schreibe mit dem Bleistift.

5. Fall (Ablativ / Woherfall)

Besonders häufig tun dies Usbeken in den Nachbarstaaten, da dieser Fall z. B. im Kasachischen ohnehin -tan lautet.

Der 5. Fall drückt das aus, wofür man im Deutschen die Verhältniswörter „aus“ und „von“ verwendet. Die Fallendung -dan kann regional nach stimmlosen Mitlauten (f, k, p, s, t, sh, ch) wie -tan ausgesprochen werden.

Bu student Toshkent-dan kel-di.
dieser Student Taschkent-5 kommen-BV
Dieser Student kam aus Taschkent.

Men do‘st-im-dan xat ol-di-m.
ich Freund-mein-5 Brief bekommen-BV-ich
Ich bekam einen Brief von meinem Freund.

6. Fall (Lokativ / Wofall)

Der 6. Fall drückt eine Ortsangabe aus. Im Deutschen benötigt man hier die Verhältniswörter „in“, „auf“ o. ä. Die Fallendung -da kann regional nach stimmlosen Mitlauten wie -ta gesprochen werden (vgl. „5. Fall").

Bu shahar-da mehmonxona ko'p.
diese Stadt-6 Hotel viel
In dieser Stadt gibt es viele Hotels.

Mehrzahl

Steht ein Hauptwort, das gebeugt werden soll, in der Mehrzahl, so steht die Fallendung nach der Mehrzahlendung -lar:

shahar-da	**shahar-lar-da**
Stadt-6	*Stadt-Mz-6*
in der Stadt	in den Städten

Beugung der persönlichen Fürwörter

Wie Hauptwörter können die persönlichen Fürwörter gebeugt werden. Die im 2. Fall gebeugten persönlichen Fürwörter sind die bereits bekannten besitzanzeigenden Fürwörter.

Die Bindestriche stehen hier nur der Deutlichkeit halber.

Einzahl

	men *(ich)*	**sen** *(du)*	**u** *(er, sie, es)*
2.	**me-ning**	**se-ning**	**u-ning**
3.	**me-ni**	**se-ni**	**u-ni**
4.	**men-ga**	**sen-ga**	**un-ga**
5.	**men-dan**	**sen-dan**	**un-dan**
6.	**men-da**	**sen-da**	**un-da**

Mehrzahl

	biz *(wir)*	**siz** *(ihr; Sie)*	**ular** *(sie)*
2.	**biz-ning**	**siz-ning**	**ular-ning**
3.	**biz-ni**	**siz-ni**	**ular-ni**
4.	**biz-ga**	**siz-ga**	**ular-ga**
5.	**biz-dan**	**siz-dan**	**ular-dan**
6.	**biz-da**	**siz-da**	**ular-da**

Die persönlichen Fürwörter haben dieselben Fallendungen wie Hauptwörter. Nur einige Formen werden nicht so regelmäßig gebildet.

Sizga nima kerak?
ihr-4 was nötig
Was brauchen Sie?

Sizdan xursand-man.
ihr-5 zufrieden-ich
Ich bin mit Ihnen zufrieden.

Umstandswörter

Um aus einem Eigenschaftswort ein Umstandswort der Art und Weise (Fragen: „wie?, auf welche Art und Weise?“) zu machen, benötigt die usbekische Sprache keine besondere Endung. Der einzige Unterschied ist, dass das Eigenschaftswort vor dem Tätigkeitswort steht und dadurch die Funktion eines Umstandswortes erhält, z. B.:

Im ersten Beispiel ist yaxshi *Eigenschaftswort, im zweiten Beispiel ist es Umstandswort.*

Bu kitob yaxshi.
dieses Buch gut
Dieses Buch ist gut.

U yaxshi o‘qi-y-di.
er gut lesen-GZ-er
Er liest gut.

ko‘p	viel
oz	wenig
hamma narsa *alle Sache*	alles
hech narsa *keine Sache*	nichts
juda	sehr
juda kam *sehr sogar*	zu sehr

Die Phrase juda kam *wird wie* juda yam *ausgesprochen.*

U ko‘p ishla-y-di.
er viel arbeiten-GZ-er
Er arbeitet viel.

U oz uxla-y-di.
er wenig schlafen-GZ-er
Er schläft wenig.

Bu xona juda yomon.
dieses Zimmer sehr schlecht
Dieses Zimmer ist sehr schlecht.

Umstandswörter des Ortes

Umstandswörter des Ortes werden regelmäßig mit den Wörtern bu *(dieser)*, u *(jener)* und yer *(Ort)* gebildet. Yer wird dabei im 3., 5. oder 6. Fall gebeugt, wodurch man folgende Bedeutungen erhält:

bu yer-da	**bu yer-ga**	**bu yer-dan**
dieser Ort-6	*dieser Ort-3*	*dieser Ort-5*
hier	hierher	von hier
u yer-da	**u yer-ga**	**u yer-dan**
jener Ort-6	*jener Ort-3*	*jener Ort-5*
dort	dorthin	von dort

Fragen

Man unterscheidet wie im Deutschen zwischen Entscheidungs- und Ergänzungsfragen.

Entscheidungsfragen

Entscheidungsfragen – also Fragen, auf die man nur mit „ja“, „nein“ oder „vielleicht“ antworten kann – werden gebildet, indem die Fragepartikel -mi an das letzte Wort des entsprechenden Aussagesatzes angefügt wird.

Kel-a-siz.	**Kel-a-siz-mi?**
kommen-GZ-ihr	*kommen-GZ-ihr-?*
Sie kommen.	Kommen Sie?
U uy-ga bor-a-di.	**U uy-ga bor-a-di-mi?**
er Haus-4 gehen-GZ-er	*er Haus-4 gehen-GZ-er-?*
Er geht nach Hause.	Geht er nach Hause?

Bitte beachten Sie, dass die Betonung auf der Silbe -siz- *bzw.* -di- *bleibt. Die Fragepartikel wird nie betont!*

Auch in Sätzen ohne Tätigkeitswort steht die Fragepartikel -mi am Satzende.

Bu yigit student-mi?
dieser Junge Student-?
Ist dieser Junge Student?

Bu kitob yaxshi-mi?
dieses Buch gut-?
Ist dieses Buch gut?

Ergänzungsfragen

Demnach steht z. B. kim? *(wer?) durchaus am Satzanfang, denn dies ist die normale Position für den Satzgegenstand (Subjekt).*

Ergänzungsfragen werden mit Fragewörtern gebildet. Man antwortet mit einem vollständigen Satz. Das Fragewort steht nur in bestimmten Fällen am Satzanfang. Es steht dort, wo im Aussagesatz die Antwort darauf auch stehen würde, d. h. meist im Satzinneren vor dem Verb und in Sätzen ohne Tätigkeitswort ganz am Satzende.

Fragewörter

kim?	wer?
qaysi?	welcher, -e, -es?
nima?	was?
qaysi?	was für ein, -e?
nega?	warum?
qancha?	wie viel(e)?
necha?	wie viele? *(Einheiten)*
qanday?	wie? / was für ein, -e?
qachon?	wann?
qayerda?	wo?
qayerga?	wohin?
qayerdan?	woher?

Im untersten Satz steht das Fragewort am Anfang, obwohl es zur Satzergänzung (Objekt) gehört. Der Grund ist natürlich, dass dieser Satz keinen ausdrücklichen Satzgegenstand hat.

U qayerda ishla-y-di?
er wo arbeiten-GZ-er
Wo arbeitet er?

Mehmonxona qayerda?
Hotel wo
Wo ist ein Hotel?

Qaysi mehmonxona-ga maslahat ber-a-siz?
welches Hotel-4 Rat geben-GZ-ihr
Welches Hotel empfehlen Sie mir?

Bu-ni qanday qil-di-ngiz?
dieses-3 wie machen-BV-ihr
Wie haben Sie das gemacht?

Bu-ni nega xohla-ma-y-siz?
dieses-3 warum wollen-nicht-GZ-ihr
Warum wollen Sie das nicht?

Qayerga bor-a-siz?
wohin reisen-GZ-ihr
Wohin reisen Sie?

Siz qayoqdan kel-di-ngiz?
ihr woher kommen-BV-ihr
Woher kommen Sie?

Fragen nach dem Alter

Fragen nach dem Alter bildet man ohne Tätigkeitswort. Das Fragewort necha? *(wie viele?)* steht vor yosh *(Alter)*, das im 6. Fall gebeugt wird. Daran werden die bereits bekannten Personalendungen angehängt.

Wörter, auf die sich Fragewörter als nähere Bestimmungen beziehen, sind diesen nachgestellt (hier z. B. yoshda*).*

(Siz) necha yosh-da-siz?
(ihr) wie-viele Alter-6-ihr
Wie alt sind Sie?

Sen necha yosh-da-san?
du wie-viele Alter-6-du
Wie alt bist du?

U necha yosh-da?
er/sie wie-viele Alter-6
Wie alt ist er / sie?

Man antwortet, indem man das Fragewort durch die entsprechende Zahl und auch die Personalendung durch die für die Antwort passende austauscht:

(Men) o'ttiz yosh-d<u>a</u>-man.
(ich) dreißig Alter-6-ich
Ich bin 30 Jahre alt.

U yigirma sakkiz yosh-da.
er/sie zwanzig acht Alter-6
Er / Sie ist 28 Jahre alt.

Auffordern & Befehlen

Für eine Person, die man duzt, ist die Befehlsform mit dem jeweiligen Stamm des Tätigkeitswortes identisch. Für die verneinte Form wird die bekannte Verneinungssilbe -ma *(nicht)* angefügt:

kel-moq	kommen
kel!	komm!
kel-ma!	komm nicht!

ishla-moq	arbeiten
ishla!	arbeite!
ishla-ma!	arbeite nicht!

Für eine Person, die man siezt, was ja im Usbekischen die Regel ist, werden an den Stamm des Tätigkeitswortes nach einem Selbstlaut -ng oder -ngiz bzw. nach einem Mitlaut -ing oder -ingiz angefügt. Die Varianten -ng / -ing sind höflicher als -ngiz / -ingiz. Die Verneinungssilbe -ma- *(nicht)* schiebt sich zwischen Stamm und Höflichkeitsendung.

kel-ing!
komm-Sie
kommen Sie!

ishla-ng!
arbeite-Sie
arbeiten Sie!

kel-ma-ng!
komm-nicht-Sie
kommen Sie nicht!

ishla-ma-ng!
arbeite-nicht-Sie
arbeiten Sie nicht!

Fordert man mehrere Personen auf, ob man sie nun siezt oder duzt, etwas zu tun oder nicht zu tun, wird an die höfliche Aufforderung die bereits bekannte Mehrzahlendung -lar angefügt:

kel-ing-lar!
komm-Sie-Mz
kommen Sie! / kommt!

kel-ma-ng-lar!
komm-nicht-Sie-Mz
kommen Sie nicht! / kommt nicht!

Darüber hinaus gibt es die Endung -ay, die an den Stamm des Tätigkeitswortes gehängt eine Art Aufforderung an sich selbst ausdrückt. In der Wort-für-Wort-Übersetzung wird diese Endung mit *„ich!“* wiedergegeben.

Xat yoz-ay!
Brief schreiben-ich!
Möge ich doch einen Brief schreiben!

Modalverben

Um im Deutschen ein Tätigkeitswort mit einer „modalen" Bedeutungsnuance zu versehen, kombiniert man das gebeugte Modalverb (*wollen, dürfen, können, sollen, müssen* usw.) mit der Grundform des jeweiligen Tätigkeitsworts (z. B. „*ich will gehen*").

Im Usbekischen steht das Modalverb nicht mit der Grundform zusammen, sondern verlangt andere Konstruktionen.

wollen

Das usbekische Tätigkeitswort für „wollen" ist xohla-moq, das wie alle anderen Tätigkeitswörter regelmäßig gebeugt wird. Es verlangt folgendes Bildungsschema:

Zur Erinnerung: Ob die volle oder die kurze Personalendung zum Einsatz kommt, hängt von der Zeitform ab.

Hauptwort + -ni + xohla- + Zeitsilbe + Personalendung

Die Silbe -ni ist die Fallendung des 3. Falls, dem im Deutschen der 4. Fall entspricht. Statt eines Hauptwortes kann übrigens auch ein Fragewort oder ein sogenanntes „Tätigkeitshauptwort" eingesetzt werden.

Nima-ni xohla-y-siz?
was-3 wollen-GZ-ihr
Was wollen Sie? / Was wollt ihr?

Men o'qish-ni xohla-y-man.
ich lernen-3 wollen-GZ-ich
Ich will lernen.

Eine andere Konstruktion ist noch gebräuchlicher, um einen Wunsch oder eine Absicht auszudrücken. An die Grundform des Tätigkeitswortes fügt man die Endung -chi an. Diese Endung bedeutet „wollend“.

qilmoq	machen
qilmoq-chi	*machen-wollend*

Das Bildungsschema lautet:

Grundform + -chi- + volle Personalendung

Der Vorteil bei dieser Konstruktion ist, dass kein Hauptwort gebeugt werden muss.

Men suv ichmoq-chi-man.
ich Wasser trinken-wollend-ich
Ich will Wasser trinken.

Siz suv ichmoq-chi-siz.
ihr Wasser trinken-wollend-ihr
Sie wollen Wasser trinken.

wünschen

Das Tätigkeitswort ista-moq *(wünschen)* ist noch höflicher als xohla-moq *(wollen):*

Ko'ngl-ingiz nima-ni ista-y-di?
Seele-eure was-4 wünschen-GZ-er/sie
Was wünschen Sie?

können, dürfen

Wird mumkin *(möglich)* einem Tätigkeitshauptwort nachgestellt, erhält es die Bedeutung von „können“ bzw. „dürfen“. Das Tätigkeitshauptwort wird wieder durch den Stamm des Tätigkeitswortes und der Nachsilbe -sh (nach Selbstlauten) bzw. -ish (nach Mitlauten) gebildet. Das Bildungsschema ist:

Tätigkeitswortstamm + -(i)sh mumkin

Bu yerda chekish mumkin.
dieser Ort-6 Rauchen möglich
Hier darf man rauchen.

Bildet man eine Entscheidungsfrage mit dieser Konstruktion, wird die Fragepartikel -mi wieder an das Satzende (hier: mumkin) angefügt.

Kirish mumkin-mi?
Eintritt möglich-?
Darf man eintreten?

Qayerdan telefon qilish mumkin?
woher Telefon Machen möglich
Wo kann man telefonieren?

können

Das Tätigkeitswort bil-moq *(kennen)* drückt im Gegensatz zur Konstruktion mit mumkin *(möglich)* „kennen, wissen, verstehen, vermögen zu tun" aus. Es hat also nichts mit „dürfen" zu tun. Das Bildungsschema ist:

Hauptwort + -ni bil- + Zeitsilbe + Personalendung

Die Silbe -ni ist wie in der Konstruktion von „wollen" die Fallendung des 3. Falls, dem im Deutschen der 4. Fall entspricht. Von der verwendeten Zeitform hängt ab, ob die volle oder kurze Personalendung angehängt wird.

Siz nemis til-i-ni bil-a-siz-mi?
ihr Deutsch Sprache-seine-3 kennen-GZ-ihr-?
Können Sie Deutsch [sprechen]?

Shaxmat o'ynash-ni bil-a-siz-mi?
Schach Spielen-3 kennen-GZ-ihr-?
Können Sie Schach spielen?

müssen

Mit Hilfe des Eigenschaftswortes kerak *(notwendig)* drückt man eine Notwendigkeit aus. Das Bildungsschema ist:

Die besitzanzeigende Endung ersetzt hier die Personalendung.

Tätigkeitshauptwort + besitzanzeigende Endung + kerak

Bilish-im kerak ...
Wissen-mein notwendig ...
Ich muss wissen ...

Bilish-ingiz kerak ...
Wissen-euer notwendig ...
Sie müssen wissen ...

sollen

Die deutsche Formulierung „man soll nicht“ wird mit mumkin emas *(möglich nicht-seiend)* wie im folgenden Bildungsschema ausgedrückt:

Tätigkeitshauptwort + besitzanzeigende Endung + mumkin emas

Auch hier ersetzt die besitzanzeigende Endung die Personalendung.

Ketish-im mumkin emas.
Weggehen-mein möglich nicht-seiend
Ich soll nicht weggehen.

Ketish-ingiz mumkin emas.
Weggehen-euer möglich nicht-seiend
Sie sollen nicht weggehen.

Wie Sie sich schon denken können, gibt es noch viele andere Konstruktionen. Sie kommen jedoch mit den oben beschriebenen bestens aus.

Zusammengesetzte Tätigkeitswörter

Die sogenannten „zusammengesetzten" Tätigkeitswörter kommen in der usbekischen Sprache ziemlich häufig vor. Im Deutschen kann man sich das veranschaulichen durch die Formulierungen „Platz nehmen" (anstatt „sich setzen") oder „krank werden" (anstatt „erkranken").

Oft werden Haupt- und Tätigkeitswort kombiniert, manchmal auch ein Eigenschafts- und ein Tätigkeitswort.

javob ber-a-man *Antwort geben-GZ-ich*	ich antworte
remont qil-a-man *Reparatur machen-GZ-ich*	ich repariere
tamom qil-a-man *Ende machen-GZ-ich*	ich beende
yordam ber-a-man *Hilfe geben-GZ-ich*	ich helfe
kasal bo'l-a-man *krank werden-GZ-ich*	ich erkranke

Für eine kompliziertere Variante zusammengesetzter Tätigkeitswörter hat das Deutsche keine Entsprechung. Diese Tätigkeitswörter bestehen aus einem Mittelwort der Gegenwart (Gerundium Präsens) oder Vergangenheit (Gerundium Perfekt) und einem weiteren Tätigkeitswort, das normal gebeugt wird.

Die Mittelwörter werden wie folgt gebildet:

Mittelwort Gegenwart:	Stamm + -a / -y
Mittelwort Vergangenheit:	Stamm + -ib / -b

Die Endungen -a und -ib stehen dabei jeweils nach Mitlauten, -y und -b nach Selbstlauten. Als zweites Tätigkeitswort, das wie gewohnt gebeugt wird, kommen üblicherweise die folgenden vor:

ol-moq	nehmen
boshla-moq	beginnen
bor-moq	gehen
ber-moq	geben

Bildungsschema

Mittelwort Gegenwart + Tätigkeitswort

Mittelwort Vergangenheit + Tätigkeitswort

Der Deutlichkeit halber werden diese Endungen auch mit einem Bindestrich geschrieben. Die Wort-für-Wort-Übersetzung gibt jedoch den gesamten Sinn des Mittelwortes wieder.

Gapir-a boshla-di-m.
sprechend beginnen-BV-ich
Ich begann zu sprechen.

Ol-ib bor!
genommen-habend geh
Bring weg!

top-ib ol-di-m
gefunden-habend nehmen-BV-ich
ich fand

yoz-ib ber-di-m
geschrieben-habend geben-BV-ich
ich schrieb

Bindewörter

Bindewörter (Konjunktionen) verbinden einzelne Wörter, Satzteile und ganze Sätze. Die usbekischen Bindewörter sind nicht immer selbständige Wörter, sondern können auch aus Endungen bestehen.

selbstständige Bindewörter

ammo, biroq, lekin	aber
yo, yoki, yoxud	oder
shu bilan birga	daneben, zugleich
das-da mit zusammen	
chunki	weil, denn, da
garchi	trotzdem
shuning uchun	deshalb
das-da-2 wegen	
undan keyin, keyin	danach
es-5 nach	
agar	wenn *(Bedingung)*, falls
uchun, toki	um zu
deb	dass
yo ... yo	entweder ... oder
oder ... oder	
goh ... goh	bald ... bald
na ... na	weder ... noch

Men militsioner-ga biz Germaniya-dan-miz deb ayt-di-m.
ich Milizionär-4 wir Deutschland-5-wir dass sagen-BV-ich
Ich sagte dem Milizionär, dass wir aus Deutschland sind.

Telegrama ber-moq uchun kel-di-m.
Telegramm(3) geben um-zu kommen-BV-ich
Ich bin gekommen, um ein Telegramm aufzugeben.

dass

Das usbekische Bindewort -ki *(dass)* ist eine Endung, die an das gebeugte Tätigkeitswort angefügt wird:

Ko'r-di-m-ki, odam juda ko'p.
sehen-BV-ich-dass Mensch sehr viel
Ich sah, dass sehr viele Leute da waren.

und

Für das Bindewort „und" gibt es verschiedene Varianten. Einige von ihnen können neben der Grundbedeutung „und" zudem mit „auch, und auch, mit" übersetzt werden.

student va profesor-lar va *(und)*
Student und Professor-Mz
die Studenten und die Professoren

Beachten Sie, dass in solchen Wortverbindungen die Mehrzahlendung -lar nur nach dem letzten Wort steht.

yigit bilan qiz bilan *(und mit)*
Junge und(-mit) Mädchen
Junge und Mädchen

ham *(und auch)* **U ham u yerda e-di.**
er und(-auch) jener Ort-6 sein-BV
Und er war dort auch.

hamda *(und auch)* **Shirin, Dilbar hamda Lola kel-di-lar.**
Schirin Dilbar und-auch Lola kommen-BV-Mz
Schirin, Dilbar und Lola kamen.

-da *(und auch)* **Bu kishi-da bor-a-di.**
dieser Mensch-auch gehen-GZ-er
Dieser Mensch geht auch.

wenn, falls

Die Endung -sa kennzeichnet eine Handlung als die Bedingung für das Zustandekommen eines anderen Ereignisses. Für die höfliche Anrede wird die Endung -sangiz verwendet.

bo'l-sa *sein-falls*	wenn es wird
yoz-sa *schreiben-falls*	wenn er schreibt
yoz-sangiz *schreiben-falls-ihr*	wenn Sie schreiben (werden)

Verhältniswörter

Anders als im Deutschen sind Verhältniswörter im Usbekischen dem Hauptwort, auf das sie sich beziehen, immer nachgestellt (sie heißen deshalb auch „Postpositionen" und nicht „Präpositionen"). Nicht immer jedoch, wenn man im Deutschen ein Verhältniswort braucht, ist dies auch im Usbekischen der Fall. Oftmals steht das betreffende Hauptwort lediglich in einem bestimmte Fall, z. B.:

Toshkent-ga	*Taschkent-4*	nach Taschkent
shahar-dan	*Stadt-5*	aus der Stadt
shahar-da	*Stadt-6*	in der Stadt

Eine Reihe von Verhältniswörtern sind ursprünglich Ortsangaben, die durch Beugung zu Richtungsangaben werden. So bedeutet das Hauptwort ich „das Innere". Fügt man die besitzanzeigende Endung der 3. Person *(sein / ihr)* an, heißt es ich-i *(sein / ihr Inneres)*. Dieses neue Wort kann man im 4., 5. oder 6. Fall beugen und wie ein Verhältniswort behandeln:

xona ich-i-ga *Zimmer Inneres-sein-4*	ins Zimmer
xona ich-i-dan *Zimmer Inneres-sein-5*	aus dem Zimmer
xona ich-i-da *Zimmer Inneres-sein-6*	im Zimmer

Verhältniswörter

Ähnlich werden auch die folgenden Verhältniswörter gebildet:

Ursprungswort	mit 4. Fall	mit 5. Fall	mit 6. Fall
atrof Umgebung	**atrof-i-ga** nach *(Richtung)*	**atrof-i-dan** von überall her	**atrof-i-da** um *(örtl.)*
yon Seite	**yon-i-ga** zu	**yon-i-dan** von	**yon-i-da** neben
old Vorderteil	**old-i-ga** zu, nach	**old-i-dan** von	**old-i-da** vor
ora Zwischenraum	**ora-si-ga** in (den)	**ora-si-dan** aus	**ora-si-da** in (dem)
orqa Rücken	**orqa-si-ga** hinter (den)	**orqa-si-dan** von jenseits	**orqa-si-da** hinter (dem)
ost, **tag** Unterteil	**ost-i-ga,** **tag-i-ga** unter (den)	**ost-i-dan,** **tag-i-dan** unter ... hervor	**ost-i-da,** **tag-i-da** unter (dem)
ust Oberteil	**ust-i-ga** auf (den)	**ust-i-dan** über (den)	**ust-i-da** auf (dem)
o'rta Mitte	**o'rta-si-ga** in die Mitte	**o'rta-si-da** aus der Mitte	**o'rta-si-da** in der Mitte

Diese Tabelle soll dem Verständnis für die Struktur dieser Verhältniswörter dienen. Im folgenden werden diese nicht mit Bindestrich geschrieben, sondern wie ein einziges Wort, das auch nur mit dem entsprechenden deutschen Verhältniswort übersetzt wird.

stol oldida
Tisch vor
vor dem Tisch

stol ostidan
Tisch unter-hervor
unter dem Tisch hervor

o'rmon yoniga
Wald zu
zum Wald

uy orqasiga
Haus hinter
hinter das Haus

chamadon tagidan
Koffer unter-hervor
unter dem Koffer hervor

student-lar orasida
Student-Mz zwischen
unter Studenten

Weitere wichtige alleinstehende Verhältniswörter sowie solche, die wie Fallendungen angehängt werden, sind die folgenden:

bilan	mit
bo'yicha	laut, gemäß
boshqa *(+5. Fall)*	außer
-ga *(= 4. Fall)*	(bis) zu
-ga(cha)	bis
keyin *(+5. Fall)*	nach *(zeitl.)*
o'rniga *(+2. Fall)*	anstatt
-siz	ohne
to'g'risida	über, von
tufayli	dank
uchun	für

-siz *(ohne)* wird an das Hauptwort angehängt:

U uy-dan pul-siz chiq-di.
er/sie Haus-5 Geld-ohne ausgehen-BV
Er / Sie ging ohne Geld aus dem Haus.

Die Endung -ga für den 4. Fall, der wie erwähnt ja auch räumlich als Fall der Richtung gebraucht wird, kann auch „bis“ bedeuten.

Shahar-ga besh kilometr qol-di.
Stadt-4 fünf Kilometer bleiben-BV
Es sind noch fünf Kilometer bis zur Stadt.

Die meisten Hauptwörter werden in Kombination mit einem Verhältniswort nicht gebeugt, z. B.:

Biz bu xizmatchi bilan gaplash-di-k.
wir dieser Beamte mit sprechen-BV-wir
Wir sprachen mit diesem Beamten.

Manchmal steht das Hauptwort aber auch im 2. Fall, z. B. bei o'rniga *(anstatt)*, oder im 5. Fall, z. B. bei boshqa *(außer)* oder keyin *(nach)*.

U-ning o'rniga kim bor-a-di?
er-2 anstatt wer gehen-GZ-er/sie
Wer geht anstatt seiner / ihrer?

Soat olti-dan keyin kel-a-man.
Uhr sechs-5 nach kommen-GZ-ich
Ich komme nach sechs Uhr.

Men-dan boshqa hamma ket-di.
ich-5 außer alle gehen-BV
Alle gingen außer mir.

Zahlen & Zählen

Die usbekischen Zahlen werden sehr regelmäßig gebildet. Es gibt keine Ausnahmen.

Grundzahlen

0	**nol**	5	**besh**
1	**bir**	6	**olti**
2	**ikki**	7	**yetti**
3	**uch**	8	**sakkiz**
4	**to‘rt**	9	**to‘qqiz**

10	**o‘n**	30	**o‘ttiz**
11	**o‘n bir**	40	**qirq**
12	**o‘n ikki**	50	**ellik**
13	**o‘n uch**	60	**oltmish**
20	**yigirma**	70	**yetmish**
21	**yigirma bir**	80	**sakson**
22	**yigirma ikki**	90	**to‘qson**

Die Zehnerzahlen *(20, 30, 40 usw.)* sind eigenständige Wörter und sind nicht wie im Deutschen von den entsprechenden Einerzahlen abgeleitet sind (z. B. „vier-zig", „fünf-zig"). Die Hunderter- und Tausenderzahlen werden jedoch aus der jeweiligen (vorangestellten!) Einerzahl und der Zahl für „hundert" bzw. „tausend" zusammengesetzt.

Die zusammengesetzten Zahlen werden lediglich durch das Nebeneinanderstellen der zunächst höchsten Zahl und der dann immer kleiner werdenden Zahleinheiten gebildet. Zwischen den einzelnen Zahlen steht kein Verbindungswort „und“ oder dergleichen. Das Bildungsschema ist also:

... Tausender – Hunderter – Zehner – Einer

100	**(bir) yuz**	200	**ikki yuz**
101	**yuz bir**	201	**ikki yuz bir**
102	**yuz ikki**	300	**uch yuz**
103	**yuz uch**	400	**to‘rt yuz**
110	**yuz o‘n**	1.000	**(bir) ming**
111	**yuz o‘n bir**	2.000	**ikki ming**
112	**yuz o‘n ikki**	10.000	**o‘n ming**
120	**yuz yigirma**	100.000	**yuz ming**
121	**yuz yigirma bir**	1 Mio.	**(bir) milion**

to‘rt ming besh yuz yetmish yetti
vier tausend fünf hundert siebzig sieben
4577

bir ming to‘qiz yuz to‘qson yetti
eins tausend neun hundert neunzig sieben
1997

Zählen

Die zu zählenden Gegenstände und Personen stehen immer in der Einzahl und sind dem Zahlwort nachgestellt. Die Mehrzahlendung -lar ist hier überflüssig, da das Zahlwort selbst die Mehrzahl bereits völlig eindeutig zum Ausdruck bringt.

ikki xotin
zwei Frau
zwei Frauen

besh student
fünf Student
fünf Studenten

Statt einer Zahl kann auch eine unbestimmte Mengenangabe stehen.

ko'p kitob
viel Buch
viele Bücher

Beim Zählen hängt man an das Zahlwort oft die Endung -ta an, was etwa „Stück" bedeutet. So zählt man z. B. Äpfel, wenn man sie auf dem Markt kauft. Nur bitta *(ein Stück)* wird unregelmäßig gebildet:

bitta	ein Stück
ikki-ta	zwei Stück
uch-ta	drei Stück
to'rt-ta	vier Stück

Der Verkäufer legt Äpfel in Ihre Tasche und zählt: bitta, ikkita, uchta ...

Ein Zahlwort kann auch wie ein Hauptwort gebeugt werden, wenn es sich z. B. in einer Antwort auf ein Hauptwort bezieht, das in der Frage gebeugt wurde (hier: „Zimmer"), zum Beispiel:

Kvartira necha xona-dan iborat?
Wohnung wie-viele Zimmer-5 bestehend-aus
Aus wie vielen Zimmern besteht die Wohnung?

Uch-dan.
drei-5
Aus drei.

Ordnungszahlen

Ordnungszahlen antworten auf die Frage nechanchi *(der / die / das wievielte?)*. Sie werden gebildet, indem man an die Grundzahl die Endungen -nchi (nach Selbstlauten) bzw. -inchi (nach Mitlauten) anhängt.

bir	eins	**birinchi**	erste(r)
ikki	zwei	**ikkinchi**	zweite(r)
uch	drei	**uchinchi**	dritte(r)
to'rt	vier	**to'rtinchi**	vierte(r)
besh	fünf	**beshinchi**	fünfte(r)
olti	sechs	**oltinchi**	sechste(r)
yetti	sieben	**yettinchi**	siebte(r)

Es gibt nur eine einzige Ausnahme:

ellik	fünfzig	**elliginchi**	fünfzigster

Bruchzahlen

Es gibt drei besondere Wörter für Bruchzahlen:

yarim, yarimta	Hälfte
chorak, chorakta	Viertel
nimchorak	Achtel

Yarimta und chorakta werden für Gegenstände (z. B. Apfel, Melone) verwendet, yarim und chorak für andere Hauptwörter (z. B. Kilometer, Kilogramm).

Alle anderen Bruchzahlen werden gebildet, indem man erst den Nenner im 5. Fall beugt und dann den Zähler benennt, also andersherum als im Deutschen:

besh-dan uch
fünf-5 drei
drei Fünftel

olti-dan besh
sechs-5 fünf
fünf Sechstel

Wenn außer der Bruchzahl noch eine ganze Zahl ergänzt werden soll, steht diese zusammen mit dem Wort butun *(ganz)* vor der Bruchzahl:

ikki butun uch-dan ikki
zwei ganz drei-5 zwei
zwei zwei Drittel (2 2/3)

Mengen- & Maßangaben

Maßeinheiten und Mengenangaben stehen wie Zahlen immer vor dem Hauptwort, auf das sie sich beziehen.

ko'p – oz	viel – wenig
hech narsa *kein Ding*	nichts
bir oz *eins wenig*	ein bisschen
bir necha *eins wie-viele*	einige, ein bisschen
hamma narsa *alle Ding*	alles

gram	Gramm
kilo(gram)	Kilogramm
litr	Liter
metr	Meter
kilometr	Kilometer

Wie beim Zählen steht der gezählte bzw. gemessene Gegenstand immer in der Einzahl.

yuz gram
hundert Gramm(Ez)
100 Gramm

yarim kilo
halb Kilo(Ez)
1/2 Kilo

dona	Stück	**quti**	Schachtel
banka	Dose	**xalta**	Tüte
juft	Paar	**idish**	Behälter

Yana bir xalta ber-ing.
noch eins Tüte gib-Sie
Geben Sie mir bitte noch eine Tüte.

Zeit & Datum

Auch bei Uhrzeit, allgemeinen Zeitangaben und Datum wird kräftig „gebeugt".

Uhrzeit

soat	Stunde, Uhr
minut	Minute
sekund	Sekunde

Soat necha?
Stunde wie-viele
Wie spät ist es?

Achtung! Die beiden deutschen Begriffe „Stunde" und „Uhr" übersetzt man ins Usbekische immer mit soat. Unterscheiden Sie vor allem zwei Fragen:

Soat necha?
Stunde wie-viele
Wie spät ist es?
(= Uhrzeit)

Necha soat?
wie-viele Stunde
Wie viele Stunden?
(= Zeitdauer)

Hozir soat to'qqiz.
jetzt Stunde neun
Jetzt ist es neun Uhr.

Hozir (soat) on bir yarim.
jetzt (Stunde) zehn eins halb
Jetzt ist es halb zwölf.

Soat besh-dan chorak o't-di.
Stunde fünf-5 Viertel vergehen-BV
Es ist viertel nach fünf.

Chorak kam sakkiz.
Viertel ohne acht
Es ist viertel vor acht.

Wollen Sie die Uhrzeit minutengenau angeben, wird es schon etwas schwieriger: Für eine Zeitangabe mit „nach“ wird das Tätigkeitswort o‘t-moq *(vergehen)* benötigt.

Hozir (soat) to‘qqiz-dan yigirma minut o‘t-di.
jetzt (Stunde) neun-5 zwanzig Minute vergehen-BV
Jetzt ist es zwanzig Minuten nach neun.

Hozir (soat) besh minut-i kam sakkiz.
jetzt (Stunde) fünf Minute-seine ohne acht
Jetzt ist es fünf Minuten vor acht.

Zeitpunkt

Um einen Zeitpunkt zu erfragen, muss das Fragewort necha? *(wie viele?)* im 6. Fall gebeugt werden. Die Frage „Um wie viel Uhr?“ unterscheidet sich also von der Frage „Wie spät ist es?“ nur durch die Fallendung -da des 6. Falls!

Auch in der Antwort wird die die letzte Zahl im 6. Fall gebeugt.

Soat necha-da?
Stunde wie-viele-6
Um wie viel Uhr?

Xuddi soat sakkiz-da.
genau Stunde acht-6
Um genau acht (Uhr).

Soat to‘qqiz-da.
Stunde neun-6
Um neun Uhr.

Soat besh yarim-da.
Stunde fünf halb-6
Um halb sechs.

Soat o'n besh minut-i kam olti-da.
Stunde zehn fünf Minute-seine ohne sechs-6
Um ein Viertel vor sechs.

Soat to'rt-dan o'n minut o'tganda.
Stunde vier-5 zehn Minute wenn-vergeht
Um zehn Minuten nach vier.

allgemeine Zeitangaben

kecha	gestern
bugun	heute
ertaga	morgen
indin(ga)	übermorgen
erta	Morgen
kun	Tag
kechqurun	Abend
tun, kecha	Nacht
erta bilan, ertalap *Morgen mit*	morgens
qiyom paytida *Mittag während*	mittags
tushdan keyin *Mittag-5 nach*	nachmittags
kechqurun	abends
kechasi	nachts
kunduzi	tagsüber
har kun *jeder Tag*	täglich

bugun ertalap *heute morgens*	heute Morgen
kecha kechqurun *gestern abends*	gestern Abend
ertaga ertalap *morgen morgens*	morgen früh
ertaga kechqurun *morgen abends*	morgen Abend

erta	früh(zeitig)
kech	spät
ertaroq	früher
keyinroq, kechroq	später
yaqinda	vor kurzem
tezda	bald
hozir, endi	jetzt
ba'zan	manchmal
tez-tez *bald-bald*	oft
hech qachon *ganz-nicht wann*	nie(mals)
har vaqt *jede Zeit*	immer

uch kun burun
drei Tag vor
vor drei Tagen

uch kun
drei Tag
drei Tage lang

bir kun-dan / hafta-dan / yil-dan keyin
eins Tag-5 / Woche-5 / Jahr-5 nach
in einem Tag / einer Woche / einem Jahr

Wochentage

hafta	Woche
kunlar	Tage
dushanba	Montag
seshanba	Dienstag
chorshanba	Mittwoch
payshanba	Donnerstag
juma	Freitag
shanba	Sonnabend
yakshanba	Sonntag

Monate

Die Bezeichnungen für die Monate klingen den deutschen sehr ähnlich und lassen sich leicht erkennen.

oy	Monat
yanvar	Januar
fevral	Februar
mart	März
aprel	April
may	Mai
iyun	Juni
iyul	Juli
avgust	August
sentyabr	September
oktyabr	Oktober
noyabr	November
dekabr	Dezember

Jahreszeiten

bahor, ko'klam	Frühling
yoz	Sommer
kuz	Herbst
qish	Winter

Datum

Bugun nechanchi (chislo)?
heute wievielte (Datum)
Welches Datum ist heute?

In der Antwort steht wie im Deutschen eine Ordnungszahl und nachfolgend der Monatsname ohne Endungen.

Bugun birinchi may.
heute erster Mai
Heute ist der erste Mai.

Bei zusammengesetzten Ordnungszahlen ist nur die Einerzahl eine Ordnungszahl, eine Zehnerzahl ist lediglich eine Grundzahl.

Bugun yigirma oltinchi yanvar.
heute zwanzig sechste Januar
Heute ist der 26. Januar.

Antwortet man auf die Frage qachon? *(wann?)*, muss entweder gebeugt oder eine besitzanzeigende Endung angefügt werden. Vergleichen Sie:

o'ninchi yanvar-da *zehnter Januar-6*	am 10. Januar
yakshanba kun-i *Sonntag Tag-sein*	am Sonntag
yanvar oy-i-da *Januar Monat-sein-6*	im Januar
bir hafta-dan keyin *eins Woche-5 nach*	in einer Woche

bir ming to'qqiz yuz sakson ikkinchi yil-da
ein tausend neun hundert achtzig zweite Jahr-6
(im Jahre) 1982

Men o'ninchi yanvar-da ... tug'il-di-m.
ich zehnter Januar-6 ... geboren-sein-BV-ich
Ich bin am 10. Januar ... geboren.

Anstelle der Auslassungszeichen kann eine Jahreszahl eingesetzt werden, z. B.:

bir ming to'qqiz yuz oltmish ikkinchi yil-da
eins tausend neun hundert sechzig zweite Jahr-6
1962

Kurz-Knigge

In der usbekischen Kultur sind die Familie, Gemeinschaft und Nachbarschaft, z. B. in der mahalla *(Stadtviertel)*, aber auch die Gastfreundschaft sehr wichtig. Ein altes Mütterchen, welches Sie zum erstenmal im Leben sehen, und das zusammen mit Ihnen in einem Zug fährt, bietet Ihnen zum Beispiel an, mit ihr eine Tasse Tee zu trinken oder eine Melone zu essen. Und ein unbekannter Bursche in diesem Zug bietet Ihnen eine Prise nosvoy *(Kautabak)* an. Auch Etikette und korrektes Verhalten (adab va odob) spielen eine große Rolle.

Usbekistan gehört zum islamischen Kulturkreis. Die russische Herrschaft und die Zugehörigkeit zur Sowjetunion sind an Usbekistan nicht spurlos vorübergegangen. Es gab massive Modernisierungen und antireligiöse Propaganda, so dass der Islam im Alltag keine so große Rolle spielt wie in manchen anderen Ländern. Dennoch haben sich, besonders auf dem Lande, viele islamische Bräuche bis heute erhalten. Der Islam gewinnt in unterschiedlichen Ausprägungen mittlerweile wieder an Bedeutung.

Sehr fromme und traditionell denkende Moslems (vor allem ältere Männer) kann man an der Kleidung erkennen: Sie tragen eine orientalische Robe (chopon) und einen Turban (chalma).

Natürlich sind bei weitem nicht alle Usbeken strenggläubige Moslems. So können Sie als Tourist mit den meisten Usbeken wie mit Europäern umgehen.

Zurückhaltung In Dörfern sieht das allerdings ganz anders aus, denn dort ist der Islam im Alltag sehr stark verankert. Europäische Manieren stoßen eher auf Ablehnung und Misstrauen. Verhalten Sie sich im Großen und Ganzen zurückhaltend und vorsichtig und beachten Sie folgende Regeln, um nicht durch unbedachtes Verhalten Unmut auf sich zu ziehen:

Frauen Frauen spielen – zumindest nach außen hin – eine bescheidenere Rolle in der usbekischen Gesellschaft als Männer. Das ist die traditionelle Mentalität, auch wenn sie sich nicht so stark zeigt wie etwa im Iran oder in arabischen Ländern. Man darf die Hausfrau z. B. für einen leckeren Schmaus loben, aber ihr keine Komplimente für ihr Äußeres oder ihre Kleidung machen.

Unehelicher Sex Unehelicher Sex (zino) wird bei Moslems streng geahndet.

Ältere Menschen In Usbekistan ist es Sitte, sich gegenüber Älteren (oqsoqollar *„weiße Bärte"*) mit Respekt zu verhalten. Ihnen wird z. B. bevorzugt ein Sitzplatz im Bus angeboten.

Moschee Wenn Sie eine Moschee besichtigen möchten, fragen Sie vorher um Erlaubnis.

Höflichkeit Im Orient schätzt man Höflichkeit. Wenn ein Unbekannter Sie grüßt, antworten Sie ihm mit einer leichten Verbeugung, die rechte Hand über die Brust gelegt, mit Salom alaykum.

Bekleidung

Frauen ziehen keine Shorts, kurzen Röcke, „gewagte" Blusen oder Kleider mit tiefem Dekolleté an. Auch Männer ziehen sich so an, dass Beine und Oberarme bedeckt sind. Shorts dürfen sie nur begrenzt in großen Touristenzentren tragen. In kleineren Orten und auf dem Land gilt: Ziehen Sie sich bescheiden und „bedeckt" an. Dann werden Sie auch kein Missfallen erregen.

FKK

Aus der Kleidermoral folgt natürlich auch, dass FKK in Usbekistan absolut unmöglich ist.

an die Touristinnen

Liebe Damen! Kokettieren Sie mit Usbeken nicht! Dann hält man Sie sofort für eine fohisha *(„leichte Fliege")*, über die man die Nase rümpft. Gehen Sie abends nicht ohne männliche Begleitung in ein Restaurant. Ohne Begleiter kommen nämlich ebenfalls nur „leichte Fliegen"!

Nur am Tage kann man als Frau alleine in ein Restaurant oder eine Teestube gehen.

Namen

Usbekische Personennamen bestehen aus dem Vornamen (ism, nom, ot) und dem Familiennamen (familiya).

Es gibt wahrscheinlich mehr als tausend usbekische Vornamen. Viele von ihnen sind gewöhnliche usbekische Wörter mit konkreter Bedeutung, z. B.: Fozil *(gelehrt)*, G'ayrat *(Energie)*, Dilbar *(Schönheit)*, Muhabbat *(Liebe)* usw. Darüber hinaus ist es für Europäer oft schwierig zu verstehen, ob ein Name männlich oder weiblich ist.

Vorname

Frauennamen enden vielfach auf -a, aber auch ziemlich oft auf einen Mitlaut, z. B.: Fotima, Ravshan, Gulsum, Dilbar, Muhabbat.

Männernamen hingegen enden niemals auf -a, sondern meistens auf einen Mitlaut, aber auch auf -di, -li, -chi oder -yo, z. B.: Shotursun, Turdi, Nazarali, To'ychi, Yahyo.

Nachname

Die Frau erhält den Nachnamen ihres Ehemannes plus der Endung -a. Wenn z. B. der Nachname des Ehegatten Ahmatov lautet, heißt die Frau mit Nachnamen Ahmatova.

Kinder erben die Nachnamen der Eltern, eine Tochter in der weiblichen Form, also auch Ahmatova, der Sohn in der Form des Vaters.

Heiratet die Tochter, erhält sie dann wiederum den Nachnamen des Ehemannes plus der Endung -a. Sie heißt dann z.B. nicht mehr Ahmatova, sondern Xonazarova, weil der Nachname des Mannes Xonazarov lautet.

Anrede

Im Usbekischen gibt es verschiedene Anreden, die vom Alter und vom Geschlecht sowie von der offiziellen oder inoffiziellen Sprechsituation abhängen. Wendet man sich an ältere Menschen, hängt man an den Vornamen der Männer ota *(Vater)*, an den Vornamen der Frauen ona *(Mutter)* an.

Ibrohim-ota	**Vasila-ona**
Ibrohim-Vater	*Vasila-Mutter*
Herr Ibrohim	Frau Vasila

Wenn Ihr Gesprächspartner nicht „alt" ist, aber älter als Sie selbst, hängen Sie an männliche Vornamen aka *(älterer Bruder)* und opa *(ältere Schwester)* an weibliche Vornamen an.

Ibrohim-aka	**Vasila-opa**
Ibrohim-älterer-Bruder	*Vasila-ältere-Schwester*
Herr Ibrohim	Frau Vasila

Ist Ihr Gesprächspartner jünger als Sie, wenden Sie sich an ihn einfach mit seinem Vornamen oder nur mit den höflichen Wörtern uka *(jüngerer Bruder)* oder singil *(jüngere Schwester)*. Also:

Ibrohim!	**Uka!**
Ibrohim!	Jüngerer Bruder!

Vasila!
Vasila!

Singil!
Jüngere Schwester!

Unbekannten gleichaltrigen Männern gegenüber gebraucht man in einer inoffiziellen, ungezwungenen Situation das Wort birodar *(Bruder)*. In einer offiziellen, formellen Situation hingegen verwendet man o'rtoq *(Genosse)*. Fremde Frauen reden sich mit opa *(ältere Schwester)* an, auch wenn die Angesprochene jünger ist.

Unter jungen Männern sind folgende Anreden üblich:

Hoy yigit!
He, Junge!

Hoy yigitlar!
He, Jungens!

Wenn man sich gegenseitig kennenlernen möchte, kann man sagen:

Kel-ing, tanish-aylik.
komm-Sie kennenlernen-wollen-wir
Machen wir uns bekannt!

Mening ism-im ...
mein Name-mein ...
Ich heiße ... / Mein Name ist ...

Begrüßen & Verabschieden

Bei Begrüßung und Abschied fließen oft auch arabische Floskeln mit ein.

Begrüßen

Zu jeder Tageszeit kann man die folgende islamische Begrüßung, die wörtlich etwa „der Frieden sei mit dir / euch" bedeutet, verwenden:

Assalomu alaykum!
Guten Morgen / Tag!
(Anrede)

Alaykum assalom!
Guten Morgen / Tag!
(Antwort)

Diese arabische Formel hat auch vereinfachte usbekische Varianten:

Salom alaykum! / Salom!
Guten Morgen / Tag!
(jew. Begrüßung oder Antwort)

Weitere Begrüßungsformeln sind:

Salom, do'st-im!
Gruß Freund-mein
Hallo, mein Freund!

Xush kel-ib-siz!
gut kommen-EV-ihr
Willkommen!

Mit einem Smartphone können Sie sich die mit einem gekennzeichneten Sätze dieses Kapitels anhören. Scannen Sie einfach den QR-Code mit Hilfe einer kostenlosen App (z. B. „Barcoo" oder „Scanlife").

Siz-ni ko'r-gan-im-dan xursand-man!
ihr-3 sehen-UV-mein-5 froh-ich
Schön, Sie / euch wiederzusehen!

Yaxshi yetib ol-di-ngiz-mi?
gut erreicht nehmen-BV-ihr-?
Sind Sie gut angekommen?

Qalay-siz?
wie-ihr
Wie geht es Ihnen?

Ish-lar qalay?
Sache-Mz wie
Wie geht's?

Ish-lar-ingiz yaxshi-mi?
Sache-Mz-eure gut-?
Wie geht es Ihnen?

Die Fragen nach dem Befinden sind fester Bestandteil der Begrüßung.

Die nächsten Fragen bedeuten alle „Wie geht es Ihnen?" oder „Geht es Ihnen gut?":

Qalay-siz?	*wie-ihr*
Yaxshi-mi-siz?	*gut-?-ihr*
Baquvvat-mi-siz?	*stark-?-ihr*
Eson-mi-siz?	*gesund-?-ihr*
Omon-mi-siz?	*wohlbehalten-?-ihr*

Die Formen Esonmisiz *und* Omonmisiz *werden nur gegenüber Frauen gebraucht.*

Darauf kann man antworten mit:

Rahmat. Juda yaxshi.
danke sehr gut
Danke. Sehr gut.

Rahmat. Yaxshi.
danke gut
Danke. Gut.

Es ist aber unüblich, gleich bei der Begrüßung zu sagen, dass es einem schlecht geht.

Rahmat. Juda yaxshi emas.
danke sehr gut nicht-seiend
Danke. Nicht so gut.

Sich verabschieden

Xayr!
Tschüss! / Auf Wiedersehen! / Alles Gute!

Im folgenden Wunsch wird die Farbe „weiß" als Symbol von Reinheit und Güte verwendet.

Oq yo'l! *(oder)* **Safar-ingiz bexatar bo'l-sin!**
weiß Weg *Reise-eure gefahrlos sein-soll*
Glückliche Reise!

Yana ko'rish-guncha!
wieder Sehen-bis
Auf neues Wiedersehen!

Yaqin ora-da di'dor ko'rish-aylik!
nah Zeitraum-6 Gesicht Sehen-wollen-wir
Auf baldiges Wiedersehen!

Salomat bo'l-sin-lar!
gesund sein-soll-Mz
Alles Gute!

Xayrli tun!
gut Nacht
Gute Nacht!

Bizdan ...-ga salom ayt-ing!
wir-5 ...-4 Gruß sag-Sie
Beste Grüße an ... von uns!

Bitten, Danken, Wünschen

Für das Bitten und Danken gibt es viele Floskeln. Unterscheiden Sie zwischen „bitte" als Aufforderung an jemanden und „bitte" als Angebot.

Um etwas bitten

O'tin-a-man!
flehen-GZ-ich
Ich bitte Sie!

Iltimos qil-a-man!
Bitte machen-GZ-ich
Ich bitte Sie!

Men sizdan ... so'ra-y-man.
ich ihr-5 ... bitten-GZ-ich
Ich bitte Sie ...

(Sizdan) bir iltimos(-im) bor.
(ihr-5) eins Bitte(-meine) es-gibt
Ich habe eine Bitte an Sie.

... iltimos qilsam bo'l-a-di-mi?
... Bitte machen-wenn-ich sein-GZ-es-?
Darf ich ... bitten?

Chekish mumkin-mi?
Rauchen möglich-?
Darf man rauchen?

Deraza-ni / Eshik-ni yopib yubor-ing.
Fenster-4 / Tür-4 geschlossen mache-Sie
Schließen Sie bitte das Fenster / die Tür!

Bitten (Anbieten)

Mana, marhamat.
hier-ist bitte
Hier, bitte schön.

Marhamat, ol-ing.
bitte nimm-Sie
Bitte, nehmen Sie!

Xizmat bo'lmasa.
Dienst nicht-wäre
Bitte.

Danken

Rahmat! / Tashakkur!
Danke!

Ko'p rahmat!
viel Dank
Vielen Dank!

Katta rahmat!
großer Dank
Vielen Dank!

Die Form Ko'p rahmat *ist nur in Xorazm (Xiva) gebräuchlich.*

Yordam-ingiz uchun tashakkur!
Hilfe-eure für danke
Danke für Ihre Hilfe!

In diesen Satz kann man z. B. auch einsetzen:

Taklif-ingiz ...
Einladung-eure ...
... Ihre Einladung!

Sovg'a-ngiz ...
Geschenk-euer ...
... Ihr Geschenk!

Yaxshilig-ingiz uchun rahmat!
Güte-eure für Dank
Danke, Sie sind sehr nett!

Sizdan minnatdor-man.
ihr-5 verpflichtet-ich
Ich bin Ihnen (sehr) dankbar.

Sizdan behad minnatdor-man.
ihr-5 unendlich verpflichtet-ich
Ich bin Ihnen zu Dank verpflichtet.

Arzi-ma-y-di.
sich-lohnen-nicht-GZ-es
Keine Ursache! *(als Antwort auf „danke“)*

Wünschen

Bayram-ingiz muborak bo'l-sin!
Fest-euer glücklich sein-soll
Ich gratuliere Ihnen zum Fest.

Sizniki ham muborak bo'l-sin.
eures auch glücklich sein-soll
Und ich gratuliere Ihrer Familie / den Ihren.

Bayram bilan tabrikla-y-miz!
Fest mit gratulieren-GZ-wir
Wir gratulieren zum Fest!

Tabriklash-ga ruxsat ber-ing.
Gratulation-4 Erlaubnis gib-Sie
Gestatten Sie mir, Ihnen zu gratulieren.

Tug'ilgan kun-ingiz bilan tabrikla-y-man!
Geburt Tag-euer mit gratulieren-GZ-ich
Ich gratuliere Ihnen zu Ihrem Geburtstag!

Yangi yil-ingiz qutlug' bo'l-sin!
neu Jahr-euer glücklich sein-soll
Ein glückliches neues Jahr!

Baxtli bo'l-ing!
glücklich sei-Sie
Seien Sie glücklich!

Oq yo'l, yaxshi bor-ing!
weiß Weg gut fahr-Sie
Gute Fahrt!

... tila-y-man!
... wünschen-GZ-ich
Ich wünsche Ihnen / dir ... !

baxt-saodat	Glück
salomatlik	Gesundheit
muvaffaqiyat	Erfolg

Zustimmen & Ablehnen

Mit einem Smartphone können Sie sich die mit einem gekennzeichneten Sätze dieses Kapitels anhören.

Es gibt eine Reihe wichtiger Floskeln, die Zustimmung oder Ablehnung ausdrücken.

Einverstanden sein

Ha, yaxshi.
Ja, gut.

Albatta.
Natürlich. / Gewiss.

Jon-im bilan.
Seele-meine mit
Mit Vergnügen.

Siz haqli-siz.
ihr Recht-mit-ihr
Sie haben Recht.

Men rozi-man.
ich einverstanden-ich
Ich bin einverstanden.

E'tiroz-im yo'q.
Einwand-mein es-gibt-nicht
Ich habe nichts dagegen.

Bedauern / Sich entschuldigen

Yo'q, rahmat.
nein Dank
Nein, danke.

Kechir-a-siz.
verzeihen-GZ-ihr
Entschuldigung.

Afsuski, bu mumkin emas.
leider dieses möglich nicht-seiend
Leider ist das unmöglich.

Men xohla-ma-y-man.
ich wollen-nicht-GZ-ich
Ich will nicht.

Men qarshi-man.
ich gegen-ich
Ich bin dagegen.

Afsuski, band-man.
leider beschäftigt-ich
Leider bin ich beschäftigt.

Menga bari-bir.
mir(4) alles-eins
Das macht nichts.

Men shoshil-yap-man.
ich einverstanden-nicht-MG-ich
Ich bin damit nicht einverstanden.

Kechikkan-im uchun kechir-a-siz.
verspätet-mein für entschuldigen-GZ-ihr
Entschuldigen Sie bitte meine Verspätung!

Das erste Gespräch

Bei einem ersten Gespräch werden wahrscheinlich folgende Phrasen ausgetauscht. Man interessiert sich für Ihren Namen, Ihre Herkunft und Ihren Beruf.

Sich vorstellen

Wie wiederholt erwähnt, ist die Verwendung der 2. Person Einzahl (sening / -ing) *gegenüber Personen, die mehr als etwa 12 Jahre alt sind, grob unhöflich.*

Sizning ism-ingiz?
euer Name-euer
Wie ist Ihr Name?

Sening ism-ing?
dein Name-dein
Wie ist dein Name?
(nur zu Kindern!)

Ruxsat et-ing, o'z-im-ni tanitay.
Erlaubnis gib-Sie selbst-mein-3 vorstell-ich
Darf ich mich vorstellen?

Hier kann man den Vor- und Nachnamen oder aber nur den Vor- oder nur Nachnamen nennen.

Men ...-man.
ich ...(-bin)-ich
Ich bin / heiße ...

Mening ism-im / ot-im ...
mein Name-mein / Name-mein ...
Mein Name ist ...

... bilan tanish-ing.
... mit bekanntmache-Sie
Machen Sie sich mit ... bekannt!

Tanishgan-imiz-dan xursand-man!
kennengelernt-unser-5 froh-ich
Es freut mich, Ihre Bekanntschaft zu machen.

Ruxsat bersa-ngiz, o'rtog'-im bilan tanishtirsa-m.
Erlaubnis geben-wenn-ihr Begleiter-mein mit bekanntmachen-wenn-ich
Gestatten Sie mir, Ihnen meinen Begleiter vorzustellen!

Herkunft

Qayerdan kel-di-ngiz?
woher kommen-BV-ihr
Woher kommen Sie / kommt ihr?

Qayerdan kel-di-ng?
woher kommen-BV-du
Woher kommst du?

Men Germaniya-dan kel-di-m.
ich Deutschland-5 kommen-BV-ich
Ich komme aus Deutschland.

Biz Germaniya-dan kel-di-k.
wir Deutschland-5 kommen-BV-wir
Wir kommen aus Deutschland.

Avstriya-dan *Österreich-5*	aus Österreich
Shveytsariya-dan *Schweiz-5*	aus der Schweiz

Qaysi shahar-dan kel-di-ngiz?
welche Stadt-5 kommen-BV-ihr
Aus welcher Stadt kommen Sie?

Men Berlin-dan kel-di-m.
ich Berlin-5 kommen-BV-ich
Ich komme aus Berlin.

Biz Gamburg-dan kel-di-k.
wir Hamburg-5 kommen-BV-wir
Wir kommen aus Hamburg.

Grund der Reise

Men O'zbekiston-ga turist bo'lib kel-di-m.
ich Usbekistan-4 Tourist seiend kommen-BV-ich
Ich bin als Tourist nach Usbekistan gekommen.

muxbir	als Korrespondent
ilmiy xodim	als Wissenschaftler
sportchi	als Sportler
biznesmen	als Unternehmer

Shahar-imiz-da qayerda tur-a-siz?
Stadt-unser-6 wo wohnen-GZ-ihr
Wo wohnen Sie in unserer Stadt?

... mehmonxona-si-da tur-a-man.
... Hotel-sein-6 wohnen-GZ-ich
Ich wohne im Hotel ...

Qaysi mehmonxona-ga tush-di-ngiz?
welches Hotel-4 absteigen-BV-ihr
In welchem Hotel sind Sie abgestiegen?

Toshkent mehmonxona-si-ga tush-di-k.
Taschkent Hotel-sein-4 absteigen-BV-wir
Wir sind im Hotel „Taschkent" abgestiegen.

Siz bu yerda nima qil-a-siz?
ihr dieser Ort-6 was machen-GZ-ihr
Was machen Sie hier?

Men dam ol-a-man.
ich Erholung nehmen-GZ-ich
Ich erhole mich.

Men otpuska-ni o'tkaz-a-man.
ich Urlaub-4 verbringen-GZ-ich
Ich bin auf Urlaub.

Beruf

Kasb-ingiz nima?
Beruf-euer was
Was sind Sie von Beruf?

Men ishchi-man.
ich Arbeiter-ich
Ich bin Arbeiter.

Men cholg'uchi-man.
ich Musiker-bin-ich
Ich bin Musiker.

Sizga shahar-imiz yoq-a-di-mi?
ihr-4 Stadt-unser gefallen-GZ-sie-?
Gefällt es Ihnen in unserer Stadt?

Ha, shahar-ingiz qoyil / ajoyib.
ja Stadt-eure wundervoll / herrlich
Ja, Ihre Stadt ist wundervoll / herrlich.

Berufe

Wollen Sie die weibliche Form einer Berufsbezeichnung bilden, ergänzen Sie lediglich ayol *(Frau). So heißt z.B.* vrach *„Arzt“,* vrach ayol *heißt „Ärztin“.*

ishchi	Arbeiter
xizmatchi	Angestellte
ishsiz	arbeitslos
vrach	Arzt
novvoy, nonpaz	Bäcker
dehqon	Bauer
kimyogar	Chemiker
tarjimon	Dolmetscher
fotograf, fotografchi	Fotograf
savdogar, do'kondor	Händler
komersant, savdogar, tijoratchi	Geschäftsmann
hunarmand	Handwerker
uy bekasi	Hausfrau
muhandis	Ingenieur
jurnalist	Journalist
oshpaz	Koch
san'atkor	Künstler
muallim, -a	Lehrer, -in
mexanik	Mechaniker
cholg'uchi	Musiker
siyosatchi	Politiker
advokat, oqlovchi	Rechtsanwalt
pensioner	Rentner
tikuvchi	Schneider
etikdo'z	Schuster
o'quvchi	Schüler
student, -ka	Student, -in
taksichi	Taxifahrer
korxona egasi	Unternehmer
duradgor	Zimmermann, Schreiner

Zu Gast sein

Falls Sie während Ihrer Reise mit Usbeken näher bekannt werden, laden diese Sie wahrscheinlich zum Abendessen ein. Sie bekommen dann eine gute Möglichkeit, das Land und seine Leute kennenzulernen. In der Sprache gibt es für eine Einladung viele Ausdrücke. Das kann z. B. so klingen:

Wenn Usbeken zu Gast bitten, beschränkt man sich nicht auf Tee und Süßigkeiten. Der Gast wird reichlich bewirtet!

Men siz-ni mehmondorchilik-ka taklif qil-yap-man.
ich ihr-3 Gast-Empfang-4 Einladung machen-MG-ich
Ich lade Sie zu Besuch ein.

Bizniki-ga kel-ing, xursand bo'l-a-miz.
unseres-4 komm-Sie froh werden-GZ-wir
Kommen Sie bitte zu uns, das macht uns Freude.

Mit einem Smartphone können Sie sich die mit einem gekennzeichneten Sätze dieses Kapitels anhören.

In einem traditionellen usbekischen Haus isst man nicht an einem Tisch, sondern sitzt um ein Tuch (dasturxon) herum auf dem Boden. In einem solchen Haus werden die Schuhe natürlich ausgezogen. Solche Häuser sind in den Städten nur in traditionellen Vierteln zu finden. Heutzutage ist ein städtisches usbekisches Haus mehr oder weniger europäisch.

Wenn man zu einem großen Fest (to'y) eingeladen wird, zieht man die Schuhe natürlich nicht aus.

Zu Gast sein

Alle Feste beginnen meistens mittags und enden abends.

qiz to'y-i *Tochter Fest-ihr*	Hochzeit
o'g'il to'y-i *Sohn Fest-sein*	Beschneidungsfest *(islamisch)*
diplom to'y-i *Diplom Fest-sein*	„Absolventenfest“

Wichtige Regeln der Höflichkeit sind, sich niemals bei Tisch die Nase zu putzen und das Essen immer mit der rechten Hand zum Mund zu führen. Wenn auf dem Fußboden gegessen wird, sollte man nie mit den Händen die Füße berühren.

Als kleines Geschenk können Sie Ihrem Gastgeber mitbringen: ein Andenken aus Ihrem Land, eine Flasche Kognak oder Wein, eine Delikatesse, Süßigkeiten für die Kinder, vielleicht (aber nicht unbedingt) Blumen (immer eine ungerade Anzahl).

Qani, kel-ing, kel-ing!
na komm-Sie komm-Sie
Bitte, bitte herein!

Xush kelib-siz!
gut kommen-EV-ihr
Willkommen!

Choy ich-ing!
Tee(3) trink-Sie
Trinken Sie Tee!

Osh-ga qara-ng. *(oder:)* **Osh-dan ol-ing.**
Palow-4 blicke-Sie — *Palow-5 nimm-Sie*
Essen Sie bitte Palow.

Man verabschiedet sich gewöhnlich bei Anbruch der Dunkelheit.

In der traditionellen moslemischen Gesellschaft spielte die Frau eine untergeordnete Rolle. Zu Sowjetzeiten legte man dann großen Wert auf die Emanzipation der Frau. Seit der Unabhängigkeit sind auf dem Gebiet leider wieder Rückschritte zu verzeichnen.

die liebe Verwandtschaft

Bu mening o'g'l-im. *dies mein Sohn-mein* Dies ist mein Sohn.

Bu mening qiz-im. *dies meine Tochter-mein* Dies ist meine Tochter.

ota	Vater
ona	Mutter
amaki	Vaters Bruder
amma	Vaters Schwester
tog'a	Mutters Bruder
xola	Mutters Schwester
o'g'il	Sohn
qiz	Tochter
bobo, bobojon	Großvater
buvi	Großmutter
nabira, nevara	Enkel, Enkelin
aka	älterer Bruder
uka	jüngerer Bruder
opa	ältere Schwester
singil	jüngere Schwester
er	Ehemann
xotin, rafiqa	Ehefrau
kuyov	Schwager
pochcha	Schwager der älteren Schwester
yanga	Schwägerin
qaynata	Schwiegervater
qaynana	Schwiegermutter
domot	Schwiegersohn
kelin	Braut, Schwiegertochter
qalliq	Bräutigam, Braut

Nevara *ist eher die umgangssprachliche Bezeichnung für „Enkel/in".*

In Usbekistan leben die meisten Menschen verheiratet, und Kinderlosigkeit gilt als Unglück. Daher ist es für Usbeken ganz „natürlich", auch einen Fremden sofort nach der Zahl der Kinder und nach dem „Ehestand" zu fragen.

Uylan-gan-mi-siz?
heiraten-UV-?-ihr
Sind Sie verheiratet? *(zu einem Mann)*

Turmush-ga chiq-qan-mi-siz?
Ehe-4 gehen-UV-?-ihr
Sind Sie verheiratet? *(zu einer Frau)*

Siz erli-mi?
ihr verheiratet-?
Sind Sie verheiratet? *(allg.)*

Bola-chaqa-lar-ingiz bor-mi?
Kind-klein-Mz-euer es-gibt-?
Haben Sie Kinder?

Hali yo'q.
noch nein
Nein, noch nicht.

Ha, mening bitta o'g'l-im va bitta qiz-im bor.
ja mein ein-Stück Sohn-mein und eine-Stück Tochter-mein es-gibt
Ja, ich habe einen Sohn und eine Tochter.

Mening o'g'l-im besh yosh-da.
mein Sohn-mein fünf Alter-6
Mein Sohn ist fünf Jahre alt.

Fotosurat-i bor-mi?
Foto-sein es-gibt-?
Haben Sie ein Foto dabei?

Unterwegs

In Usbekistan – ebenso wie in anderen Ländern der ehemaligen Sowjetunion – halten die Namen von Straßen und Plätzen nicht ewig. Politische Regimes ändern sich, und dann werden auch wieder Straßen und Gebäude umbenannt. Wenn Sie nach dem Weg fragen, müssen Sie bedenken, dass viele entweder den alten oder den neuen Namen nicht kennen.

in der Stadt

Bu qaysi ko'cha / maydon?
dies welche Straße / Platz
Wie heißt diese Straße / dieser Platz?

Bu park-ning nom-i nima?
dieser Park-2 Name-sein was
Wie heißt dieser Park?

Vokzal-ga qanday bor-il-a-di?
Bahnhof-4 wie gehen-Pass-GZ-es
Wie komme ich (kommen wir) zum Bahnhof?

Hozir biz qayerda bo'l-a-miz?
jetzt wir wo sein-GZ-wir
Wo sind wir jetzt?

Hozir biz shahar markaz-i-da bo'l-a-miz.
jetzt wir Stadt Zentrum-ihr-6 sein-GZ-wir
Wir befinden uns jetzt im Stadtzentrum.

In diesen Satz kann man die Wörter der folgenden Liste unverändert einsetzen.

...(-ni) qidir-yap-man.
...(-3) suchen-MG-ich
Ich suche ...

экскурсия	**ekskursiya**	Ausflug
чиқиш	**chiqish**	Ausgang
кутубхона	**kutubxona**	Bibliothek
кўприк	**ko'prik**	Brücke
ҳайкал	**haykal**	Denkmal
қишлоқ	**qishloq**	Dorf
кириш	**kirish**	Eingang
тор кўча	**tor ko'cha** *enge Straße*	Gasse
маданият саройи	**madaniyat saroyi** *Kultur Palast-ihr*	Kulturpalast
музей	**muzey**	Museum
жой, ер	**joy, yer**	Ort, Stelle
сарой	**saroy**	Palast
парк	**park**	Park
майдон	**maydon**	Platz
қалъа	**qal'a**	Schloss, Burg
кўркам жой	**ko'rkam joy** *anziehende Stelle*	Sehenswürdigkeit
стадион	**stadion**	Stadion
шаҳар	**shahar**	Stadt
шаҳар плани	**shahar plan-i** *Stadt Plan-ihr*	Stadtplan
кўча	**ko'cha**	Straße
театр	**teatr**	Theater
университет	**universitet**	Universität
ҳайвонот боғи	**hayvonot bog'-i** *Tiere Garten-ihr*	Zoo

Samarqand-da qanday ajoyip narsa-lar-ni ko'rish mumkin?
Samarkand-6 welche interessant Sache-Mz-3 Sehen möglich
Was kann man in Samarkand Interessantes sehen?

Richtungshinweise

svetofor	Ampel
chorraha	Kreuzung
o'ng-ga *rechts-4*	nach rechts
chap-ga *links-4*	nach links
o'ng-dan *rechts-5*	von rechts
chap-dan *links-5*	von links
to'g'ri-ga *gerade-4*	geradeaus
orqa-ga *Rückseite-4*	zurück
yaqin	nah
uzoq	weit
shu yer-da *diese-da Stelle-6*	hier
ro'para-da, qarshi-da *gegenüber-6, gegen-6*	gegenüber
u yer-da *jene Stelle-6*	dort, da
burchak-dan nari *Ecke-5 hinter*	um die Ecke

U yer-gacha uzoq-mi?
jener Ort-bis weit-?
Ist es weit bis dorthin?

Yo'q, uzoq emas.
nein weit nicht-seiend
Nein, es ist nicht weit.

Ha, bu shahar tashqarisida.
ja dies Stadt außerhalb
Ja, es liegt außerhalb der Stadt.

To‘g‘ri-ga chorraha-gacha yur-ing.
gerade-4 Kreuzung-bis geh-Sie
Gehen Sie geradeaus bis zur Kreuzung!

Keyin chap-ga yur-ing.
dann links-4 geh-Sie
Dann gehen Sie links!

Bu-ni karta-da ko‘rsat-ing.
dies-3 Karte-6 zeig-Sie
Zeigen Sie das bitte auf der Karte!

mit öffentlichen Verkehrsmitteln

In allen Städten gibt es mindestens eines der folgenden öffentlichen Verkehrsmittel, Bus, Straßenbahn oder Trolleybus. In Taschkent gibt es außerdem noch eine U-Bahn. Diese Verkehrsmittel sind natürlich nicht so bequem wie ein Taxi, aber man ist schneller als zu Fuß und man kann praktisch jeden Punkt der Stadt kostengünstig erreichen.

Haben Sie keinen Plan, müssen Sie die anderen Fahrgäste fragen.

In größeren Städten gibt es viele Linien, und gewöhnlich kann man an Zeitungskiosken einen Linienplan kaufen.

An den Haltestellen können Sie folgende Schilder sehen:

автобус	**avtobus**	Bus
метро	**metro**	U-Bahn
трамвай	**tramvay**	Straßenbahn
троллейбус	**trolleybus**	O-Bus
бекат	**bekat**	Haltestelle

Bu tramvay qayerga bor-a-di?
diese Straßenbahn wohin gehen-GZ-er
Wohin fährt diese Straßenbahn?

Bu yo'l-dan qaysi avtobus yur-a-di?
diese Linie-5 welcher Bus gehen-GZ-er
Welcher Bus fährt auf dieser Linie?

Trolleybus bekat-i qayerda?
Trolleybus Haltestelle-sein wo
Wo ist die O-Bus-Haltestelle?

Bu avtobus Chilonzor-ga bor-a-di-mi?
dieser Bus Tschilonsor-4 gehen-GZ-er-?
Fährt dieser Bus nach Tschilonsor?

U yerga avtobus bilan borish mumkin-mi?
jener Ort-4 Bus mit Fahren möglich-?
Kann man mit einem Bus dorthin kommen?

...-ga avtobus qachon jo'na-y-di?
...-4 Bus wann abfahren-GZ-er
Wann fährt der Bus nach ... ab?

Men qachon chiq-ay?
ich wann aussteigen-ich!
Wann muss ich aussteigen?

Men ... bekat-i-da tush-a-man.
ich ... Haltestelle-sein-6 aussteigen-GZ-ich
Ich steige an der Haltestelle ... aus.

Siz kelgusi / ikkinchi / uchinchi bekat-da tushish-ingiz kerak.
ihr nächste / zweite / dritte Haltestelle-6 Aussteigen-euer notwendig
Sie müssen an der nächsten / zweiten / dritten Haltestelle austeigen.

Bagaj uchun qancha to'lash-im kerak?
Gepäck für wie-viel Bezahlen-mein nötig
Wie viel muss ich für das Gepäck zahlen?

mit dem Taxi

Neben Taxen können Sie übrigens auch Privatwagen „anheuern“. Das ist in Usbekistan durchaus üblich! Hinsichtlich Preis und Bedienung gibt es keine Differenz. Verständigen Sie sich über den Preis beim Einsteigen.

Wenn Sie nicht allzu viel bezahlen wollen, nehmen Sie sich bitte kein Taxi vor touristischen Brennpunkten, z. B. am Flughafen oder vor Sehenswürdigkeiten! An diesen Stellen setzen sowohl Taxi- als auch Privatwagenfahrer Wucherpreise fest. In diesem Fall sind Sie mit öffentlichen Verkehrsmittel besser beraten.

такси **taksi**	Taxi
маршрут такси **marshrut taksi** *Linie Taxi*	Linien- / Sammeltaxi
такси турадиган хой **taksi turadigan joy** *Taxi stehende Stelle*	Taxistand

Taksi ol-a-miz.
Taxi nehmen-GZ-wir
Nehmen wir ein Taxi!

Im Hotel können Sie sich ein Taxi mit folgendem Satz bestellen lassen:

Menga taksi chaqirib ber-ing.
mir(4) Taxi gerufen gib-Sie
Bestellen Sie mir bitte ein Taxi!

Bagaj-ingiz bor-mi?
Gepäck-euer es-gibt-?
Haben Sie Gepäck?

Ha, bor. **Yo‘q, bagaj-im yo‘q.**
ja es-gibt *nein Gepäck-mein es-gibt-nicht*
Ja, habe ich. Nein, ich habe kein Gepäck.

Mening bitta chamadon-im bor.
mein ein-Stück Koffer-mein es-gibt
Ich habe einen Koffer.

Siz qayerga bormoq xohla-y-siz?
ihr wohin fahren wollen-GZ-ihr
Wohin wollen Sie fahren?

Meni vokzal-ga / mehmonxona-si-ga olib bor-ing.
mich(3) Bahnhof-4 / Hotel-sein-4 genommen fahr-Sie
Zum Bahnhof / Hotel, bitte!

Men shoshil-a-man.
ich eilen-GZ-ich
Ich habe es eilig.

Bu yerda to'xta-ng.
dieser Ort-6 anhalte-Sie
Halten Sie hier an!

Chiqmoq-chi-man.
aussteigen-wollend-ich
Ich möchte aussteigen.

Trinkgeld in Höhe von umgerechnet 50 Cent ist ausreichend.

Men qancha to'lash-im kerak?
ich wie-viel Bezahlen-mein nötig
Wie viel bin ich schuldig?

mit der Eisenbahn

Eine Reise mit der Eisenbahn ist zwar nicht immer so bequem, aber wenigstens aus einem Grund nützlich: Oft kann man interessante Bekanntschaften machen, und das wünscht sich ja jeder Globetrotter.

In größeren Städten kann man vom Hotel aus Bahnfahrkarten telefonisch bestellen und sie sich ins Hotel bringen lassen. In kleineren Orten muss man sich für seine Fahrkarte selber in eine Schlange an der Kasse stellen.

Es gibt verschiedene Arten von Zügen und Waggons. Nur wenige Züge haben bequeme Wagen und gute Bedienung. Züge für den Vorort- und Kurzstreckenverkehr sind meist recht spartanisch eingerichtet.

Die meisten Züge haben in jedem Wagen einen Schaffner (provodnik), der den Wagen heizt, das Bettzeug austeilt und Tee kocht.

Auch in den Vorortzügen kann man interessanten Menschen begegnen und sich die Zeit mit Gesprächen und Beobachtungen vertreiben.

касса **kassa**	Schalter, Kasse
кутиш зали **kutish zal-i** *Warten Saal-sein*	Wartesaal
жўнатиш – келиш **jo'natish – kelish**	Abfahrt – Ankunft

Samarqand-ga poyezd qachon jo'na-y-di?
Samarkand-4 Zug wann abfahren-GZ-er
Wann fährt ein Zug nach Samarkand ab?

Bufet / Medpunkt qayerda?
Imbisshalle / Sanitätsraum wo
Wo ist die Imbisshalle / der Sanitätsraum?

Menga ...-ga yumshoq vagon-ga bitta bilet ber-ing.
mir(4) ...-4 weicher Wagen-4 ein-Stück Fahrkarte(3) gib-Sie
Ich möchte eine Fahrkarte 1. Klasse nach ...

вокзал **vokzal**	Bahnhof
платформа **platforma**	Bahnsteig
йўл, перрон **yo'l, perron**	Gleis
темир йўл **temir yo'l** *Eisen Weg*	Eisenbahn
(тез юрар) поезд **(tez yurar) poyezd** *(schnell gehender) Zug*	(Schnell-)Zug
ухлаб кетадиган вагон **uxlab ketadi-gan vagon** *schlafend gehender Wagen*	Schlafwagen
ресторан-вагон **restoran-vagon** *Restaurant-Wagen*	Speisewagen
станция **stantsiya**	Station
багаж **bagaj**	Gepäck
юк сақлаш жойи **yuk saqlash joy-i** *Gepäck Aufbewahrung Stelle-ihre*	Gepäck-aufbewahrung
поездларнинг қатнаш жадвали **poyezd-lar-ning qat-nash jadval-i** *Zug-Mz-2 Kursieren Tabelle-seine*	Fahrplan

Eine Platzkarte braucht man immer dann, wenn man weit fährt und auch im Zug schlafen möchte.

билет **bilet**	Fahrkarte
плацкарт **platskart**	Platzkarte
қайтиш билети **qaytish bileti** *Rückkehr Fahrkarte-ihre*	Rückfahrkarte
кечикиш **kechikish**	Verspätung
ўз вақтида **o'z vaqt-i-da** *seine Zeit-seine-6*	pünktlich
юмшоқ вагон **yumshoq vagon** *weicher Wagen*	erste Klasse
қаттиқ вагон **qattiq vagon** *harter Wagen*	zweite Klasse
у ёққа ва орқага **u yoqqa va orqaga** *jenes hin und zurück*	hin und zurück

Für „kurze" Strecken (drei bis vier Stunden) wählt man die preiswertere „Fahrkarte".

Poyezd qachon kel-a-di?
Zug wann kommen-GZ-er
Wann kommt der Zug an?

Poyezd vaqt-i-da kel-a-di.
Zug Zeit-seine-6 kommen-GZ-er
Der Zug kommt rechtzeitig an.

Poyezd kechik-a-di.
Zug sich-verspäten-GZ-er
Der Zug hat Verspätung.

Bu vagon chekuchi-lar uchun-mi?
dieser Wagen Raucher-Mz für-?
Ist das der Raucherwagen?

Yo'q, bu vagon chekmaydigan-lar uchun.
nein dieser Wagen Nichtraucher-Mz für
Nein, dies hier ist ein Nichtraucher-Wagen.

Qayerga ket-yap-siz?
wohin fahren-MG-ihr
Wohin fahren Sie?

Qo'qon-ga ket-yap-miz.
Kokand-4 fahren-MG-wir
Wir fahren nach Kokand.

Bu qaysi stansiya?
dies welche Station
Wie heißt diese Station?

Oqqum stansiya-si.
Okkum Station-seine
Station Okkum.

mit dem Auto

Die Autotouristik und der damit verbundene Service ist in Usbekistan eher unterentwickelt. Nichtsdestoweniger ist eine Autotour durch dieses Land sehr interessant und ungewöhnlich. Sie sollten allerdings in der Lage sein, die wichtigsten Reparaturen selbst auszuführen.

машина **mashina**	Auto
ҳайдовчи **haydovchi**	Fahrer
АЗҚС **AZQS** *(Abk.)*	Tankstelle
авторемонт устахонаси **avtoremont ustaxona-si** *Autoreparatur Werkstätte-ihre*	Autowerkstatt
заправка қилмоқ **zapravka qilmoq** *Tanken machen*	tanken
(машина) ҳайдамоқ **(mashina) haydamoq** *(Auto) fahren*	fahren (Auto)
машина қўймоқ **mashina qo'ymoq** *Auto(3) stellen*	parken
ремонт қилмоқ **remont qilmoq** *Reparatur machen*	reparieren
буксирга олмоқ **buksirga olmoq** *Schlepptau-4 nehmen*	abschleppen

Nehmen Sie genug Werkzeug und Ersatzteile mit und wählen Sie eine möglichst kurze Route.

AZQS steht als Abkürzung für ...

автомобилларни заправка қилиш станцияси
avtomobil-lar-ni zapravka qilish stantsiya-si
Auto-Mz-3 Tanken Machen Station-seine
Tankstelle

Olmaliq-qa qaysi yo'l-dan boril-a-di?
Olmalik-4 welcher Weg-5 geht-GZ-er
Wie kommt man nach Olmalik?

Shahar-ga hali uzoq-mi?
Stadt-4 noch weit-?
Ist es weit bis zur Stadt?

Buchoro-ga to'g'ri bor-yap-man-mi?
Buchara-4 richtig fahren-MG-ich-?
Fahre ich richtig nach Buchara?

Mehmonxona-da garaj bor-mi?
Hotel-6 Garage es-gibt-?
Hat das Hotel eine Garage?

Tanken

AZQS / Ustaxona qayerda?
Tankstelle / Werkstatt wo
Wo ist eine Tankstelle / Werkstatt?

Iltimos, to'la bak quy-ing.
Bitte voll Tank gieß-Sie
Bitte voll tanken.

Дизель ёнилғиси **dizel yonilg'i-si** *Diesel Brennstoff-sein*	Diesel
Бензин **benzin**	Benzin

Autopanne

Машинам бузуқ.
Mashina-m buzuq.
Auto-mein beschädigt
Mein Auto hat eine Panne.

Мен аварияга ухрадим.
Men avariya-ga uchra-di-m.
ich Panne-4 treffen-BV-ich
Ich hatte einen Unfall.

Мени буксирга олишингиз мумкинми?
Meni buksir-ga olish-ingiz mumkin-mi?
mich(3) Schlepp-4 Nehmen-euer möglich-?
Können Sie mich abschleppen?

Balki ... sinip qol-di.
wahrscheinlich ... zerbrochen bleiben-BV
Wahrscheinlich ist ... kaputt.

Motor-im shikast ye-di.
Motor-mein Schaden bekommen-BV
Ich habe einen Motorschaden.

Shina yorilib ket-di.
Reifen geplatzt gehen-BV
Der Reifen ist geplatzt.

Мени шаҳарга олиб боришингиз мумкинми?
Meni shahar-ga olib borish-ingiz mumkin-mi?
mich(3) Stadt-4 nehmend Fahren-euer möglich-?
Können Sie mich bis zur Stadt mitnehmen?

Werkzeug & Ersatzteile

ўқ	**o'q**	Achse
буксир трос	**buksir tros** *Schlepp Seil*	Abschleppseil
аккумулятор	**akkumulator**	Batterie
аккумуляторни зарядламоқ	**akumulatorni zaryadlamoq** *Batterie-3 laden*	Batterie laden
бензин баки	**benzin bak-i** *Benzin Tank-sein*	Benzintank
тормоз	**tormoz**	Bremsen
газ педали	**gaz pedal-i** *Gas Pedal-sein*	Gaspedal
тормоз педали	**tormoz pedal-i** *Bremse Pedal-ihr*	Bremspedal
тормоз суюқлиги	**tormoz suyuqlig-i** *Bremse Flüssigkeit-ihre*	Bremsflüssigkeit
шофёр	**shofyor**	Fahrer
шофёрлик правоси	**shofyorlik pravo-si** *Fahrerschaft Schein-ihr*	Führerschein
узаматлар ўзгариши	**uzamat-lar o'zgarish-i** *Transmission-Mz Umschaltung-ihr*	Gangschaltung
тезлик	**tezlik**	Geschwindigkeit
тезлик коробкаси	**tezlik korobka-si** *Geschwindigkeit Kasten-ihr*	Getriebe
болға	**bolg'a**	Hammer
сигналь	**signal**	Hupe
кабель	**kabel**	Kabel
кузов	**kuzov**	Karosserie
қайиш	**qayish**	Keilriemen
радиатор	**radiator**	Kühler
муфта	**mufta**	Kupplung

лампочка	lampochka	Lampe
руль чамбараги	rul chambarag-i *Lenkung Rad-ihr*	Lenkrad
руль билан бошқариш	rul bilan boshqarish *Lenkung mit Führung*	Lenkung
мотор	motor	Motor
гайка	gayka	Mutter
ёғ	yog‘	Öl
шина	shina	Reifen
босим шинада	bosim shina-da *Druck Reifen-6*	Reifendruck
запас ғилдираки	zapas g‘ildirak-i *Reserve Rad-ihr*	Reserverad
запас баки	zapas bak-i *Reserve Tank-ihr*	Reservetank
ойна тозалаш асбоби	oyna tozalash asbob-i *Scheibe Putzen Gerät-sein*	Scheibenwischer
фара	fara	Scheinwerfer
предохранитель	predoxranitel	Sicherung
камера	kamera	Schlauch
болт	bolt	Schraube
гайка калити	gayka kalit-i *Mutter Schlüssel-ihr*	Schraubenschlüssel
отвёртка	otvyortka	Schraubenzieher
амортизатор	amortizator	Stoßdämpfer
тахометр	tachometr	Tachometer
клапан	klapan	Ventil
карбюратор	karbyurator	Vergaser
домкрат	domkrat	Wagenheber
асбоб	asbob	Werkzeug
свеча	svecha	Zündkerze
ёқиш калити	yoqish kaliti	Zündschlüssel
цилиндр	tsilindr	Zylinder

Akumulator bo‘sh.
Batterie leer
Die Batterie ist leer.

Сиз буни ремонт қилиш мумкинми?
Siz bu-ni remont qilish mumkin-mi?
ihr dieses-3 Reparatur Machen möglich-?
Können Sie das reparieren?

Remont uzoq davom et-a-di-mi?
Reparatur lange Verlauf machen-GZ-sie-?
Wird die Reparatur lange dauern?

mit dem Flugzeug

АЭРОПОРТ *(Flughafen)*

Im Flughafen Taschkent gibt es einen besonderen Wartesaal mit Extra-Service für Ausländer. Diese Räume sind relativ bequem. In kleineren Städten kann man jedoch kein europäisches Niveau erwarten.

samolyot	Flugzeug
aeroport	Flughafen
bilet	Ticket
avialiniya	Fluglinie
styuardessa	Stewardess
uchib ketmoq *fliegend gehen*	abfliegen
uchmoq	fliegen
start olmoq *Start nehmen*	starten
kechikish	Verspätung

Samolyot-ga bilet qayerda sot-il-a-di?
Flugzeug-4 Ticket wo verkaufen-Pass-GZ-es
Wo werden Tickets verkauft?

Farg‘ona-ga samolyot qachon uch-a-di?
Fergana-4 Flugzeug wann fliegen-GZ-er
Wann fliegt das / ein Flugzeug nach Fergana?

Erta uchun bilet yo‘q, ...
morgen für Ticket es-gibt-nicht ...
Für morgen gibt es keine Tickets mehr, ...

... faqat indin-ga bor.
... nur übermorgen-4 es-gibt
... nur noch für übermorgen.

Yaxshi, menga indin-ga bera qol-ing.
gut mir(4) übermorgen-4 gebend bleib-Sie
Gut, geben Sie mir eins für übermorgen.

Samolyot soat necha-da uch-a-di?
Flugzeug Stunde wie-viele-6 fliegen-GZ-es
Um wie viel Uhr fliegt das Flugzeug ab?

Biz qachon uchib kel-a-miz?
wir wann fliegend kommen-GZ-wir
Wann kommen wir an?

Übernachten

In Usbekistan finden Sie oft alte Hotels und Gasthäuser, die während der Zeit der Sowjetunion gebaut worden sind und wenig Komfort bieten. Die Zimmer haben meistens Platz für drei bis vier Personen. Das Frühstück ist in der Regel nicht im Zimmerpreis enthalten.

In den größeren Städten, die auch von ausländischen Touristen oft besucht werden, gibt es auch gute Hotels mit beinahe europäischem Standard. Aber sie sind natürlich sehr viel teurer. Wollen Sie in einem Hotel übernachten, sollen Sie am besten dort ein Zimmer vorbestellen.

Ist es unmöglich, etwas auf eigene Faust zu finden, dann wende man sich an das örtliche Reisebüro. Sie finden die Büros oft in oder neben den großen Hotels. Eine andere Möglichkeit ist ein Auskunftsbüro.

саёҳатлар бюроси **sayohat-lar byuro-si** *Reise-Mz Büro-ihr*	Reisebüro
справкалар бюроси **spravka-lar byuro-si** *Auskunft-Mz Büro-ihr*	Auskunftsbüro
меҳмонхона **mehmonxona**	Gasthof, Hotel
туристлар базаси **turist-lar baza-si** *Tourist-Mz Station-seine*	Touristenstation

Wenn man auf dem Lande ist, kann man die Dorfbewohner fragen, ob man bei irgendjemandem übernachten kann. Für Alpinisten, Naturfreunde u. ä. sind „Touristenstationen" sehr praktisch.

Тошкентда қандай меҳмонхоналар бор?
Toshkent-da qanday mehmonxona-lar bor?
Taschkent-6 welche Hotel-Mz es-gibt
Welche Hotels gibt es in Taschkent?

im Hotel

An der Rezeption muss man seinen Reisepass und ggf. sein Visum vorzeigen. Gibt es keine freien Zimmer im Hotel, wird man sich bemühen, Sie über andere Unterkunftsmöglichkeiten zu informieren. Auf jeder Etage eines Hotels gibt es eine Etagenbedienstete, die für kleine Serviceleistungen (Telefonvermittlung, Taxibestellung u. ä.) zuständig ist.

Seit Anfang 2019 besteht für deutsche Staatsbürger keine Visumspflicht für bis zu einmonatigen touristischen Aufenthalten in Usbekistan mehr. Nach wie vor besteht aber eine streng kontrollierte Pflicht zur polizeilichen Registrierung nach der Ankunft, die in der Regel das Hotel übernimmt.

Wenn man mit der Bedienung zufrieden ist, kann man Trinkgeld (umgerechnet etwa einen Euro) geben.

administrator	Empfangschef
xizmatchi	Zimmermädchen
navbatchi, etaj navbatchi-si *Etage Diensthabende-ihr*	Etagenbedienstete
karavot	Bett
vannaxona	Badezimmer
qavat	Etage
nonushta	Frühstück
bagaj, yuk	Gepäck
sartaroshxona	Frisiersalon

Bo'sh nomer-lar bor-mi?
leer Zimmer-Mz es-gibt-?
Haben Sie Zimmer frei?

Menga bir / ikki kishilik xona kerak.
mir(4) eins / zwei Mann Zimmer notwendig
Ich brauche ein Zimmer für eine Person / zwei Personen.

Menga nomer-im-da hojatxona kerak.
mir(4) Zimmer-mein-6 Toilette notwendig
Ich möchte ein Zimmer mit Toilette.

Nomer nechanchi qavat-da?
Zimmer wievielter Stock-6
In welchem Stock befindet sich das Zimmer?

Nomer sutka-si-ga necha pul tur-a-di?
Zimmer Tag-sein-4 wie-viele Geld kosten-GZ-es
Wie viel kostet das Zimmer pro Tag?

Nonushta nomer baho-si-ga kir-a-di-mi?
Frühstück Zimmer Preis-sein-4 hineingehen-GZ-es-?
Ist das Frühstück im Übernachtungspreis enthalten?

Nonushta ... alohida tur-a-di.
Frühstück ... extra kosten-GZ-es
Das Frühstück kostet ... extra.

Siz bu yerda necha kun tur-a-siz?
ihr dieser Ort-6 wie-viele Tag wohnen-GZ-ihr
Wie lange möchten Sie bleiben?

Men ikki-uch kun turmoq-chi-man.
ich zwei-drei Tag wohnen-wollend-ich
Ich möchte zwei, drei Tage bleiben.

Men bir / ikki hafta turmoq-chi-man.
ich eins / zwei Woche wohnen-wollend-ich
Ich möchte eine Woche / zwei Wochen bleiben.

Nomer-ning kalit-i qayerda qoldiril-a-di?
Zimmer-2 Schlüssel-sein wo bleiben-GZ-er
Wo soll man den Schlüssel lassen?

Xona-m-ning kalit-i-ni ber-ing.
Zimmer-mein-2 Schlüssel-sein-3 gib-Sie
Geben Sie mir bitte meinen Zimmerschlüssel!

Mening nomer-im ...
mein Zimmer-mein ...
Ich habe Zimmer Nr. ...

Nomer-im-da ovqatlan-a-man.
Zimmer-mein-6 speisen-GZ-ich
Ich werde auf meinem Zimmer speisen.

Restoran-da ovqatlan-a-man.
Restaurant-6 speisen-GZ-ich
Ich werde im Restaurant speisen.

Kafe / Kantin qayerda?
Café wo
Wo ist ein Café?

Übernachten

Wenn Sie Ihre Wäsche waschen oder bügeln lassen wollen, wenden Sie sich an die Etagenbedienstete.

Kiyim-lar-ni yuvish-ga berish kerak.
Wäsche-Mz-3 Waschen-4 Geben notwendig
Geben Sie die Wäsche zum Waschen ab!

Kostyum-ni / Ko'ylak-ni dazmollash kerak.
Anzug-3 / Kleid-3 Bügeln notwendig
Mein Anzug / Kleid muss gebügelt werden.

Menga hechkim telefon qil-ma-di-mi?
mir(4) niemand Telefon machen-nicht-BV-?
Hat mich niemand angerufen?

Kech soat olti-da qayt-a-man.
Abend Stunde sechs-6 zurückkommen-GZ-ich
Ich komme um sechs Uhr abends zurück.

Meni erta-bilan soat olti-da uyg'ot-ing.
mich(3) Morgen-mit Stunde sechs-6 wecke-Sie
Wecken Sie mich bitte um sechs Uhr morgens!

Soat yetti-ga taksi chaqirib ber-ing.
Stunde sieben-4 Taxi rufend gib-Sie
Rufen Sie bitte ein Taxi gegen sieben Uhr!

Xona-m-da sochiq yo'q.
Zimmer-mein-6 Handtuch es-gibt-nicht
In meinem Zimmer fehlt ein Handtuch.

Statt sochiq *(Handtuch) kann man in diesen Satz auch einsetzen:*

adyol, cho'rpa	Bettdecke
yostiq	Kopfkissen
sovun	Seife
hojatxona qog'oz-i	Toilettenpapier

Dush ishla-ma-y-di.
Dusche arbeiten-nicht-GZ-er
Die Dusche funktioniert nicht / ist kaputt.

vanna	Badewanne
televizor	Fernseher
isitish	Heizung
xolodilnik	Kühlschrank
chiroq, nur	Licht
telefon	Telefon
hojatxona	Toilette

Statt dush *(Dusche) kann man auch die Wörter aus der nebenstehenden Liste einsetzen.*

Xona-m-da elektr yo'q.
Zimmer-mein-6 Strom es-gibt-nicht
Mein Zimmer hat keinen Strom.

Statt elektr *(Strom)* kann man auch einsetzen:

suv	Wasser
issiq suv	Warmwasser

Men / Biz ertaga ket-a-man / ket-a-miz.
ich / wir morgen abreisen-GZ-ich / abreisen-GZ-wir
Ich reise / Wir reisen morgen ab.

Iltimos, chot tayyorla-ng.
Bitte Rechnung vorbereite-Sie
Bitte machen Sie die Rechnung fertig!

Chek yozib ber-ing.
Scheck schreibend gib-Sie
Schreiben Sie mir eine Quittung!

Essen & Trinken

Restaurants, wie man sie in Europa kennt, gibt es nur in größeren Städten.

Restaurants mit nationalen Gerichten in kleineren Städten gleichen eher Imbiss-Stuben.

ресторан **restoran**	Restaurant
кафе, қаҳвахона **kafe, qahvaxona**	Café
буфет **bufet**	(Steh-)Imbiss
мантихона **mantixona**	Manti-Imbiss
лағмонхона **lag'monxona**	Lag'mon-Imbiss
кабобхона **kabobxona**	Schaschlik-Imbiss
ошхона **oshxona**	Speisesaal
чойхона **choyxona**	Teestube
кондитер магазини **konditer magazin-i** *Konditor Laden-sein*	Konditorei
пивохона **pivoxona**	Bar

Die Teestuben sind für Touristen interessant, da man sich hier hauptsächlich unterhält.

In jedem Dorf gibt es die typisch orientalischen choyxona *(Teestuben)*. In den Teestuben wird traditionell kein Alkohol angeboten, sondern Tee, Fladen, Rosinen, Kandis, Nüsse, gedörrte Aprikosen.

Frühstück

қовурган тухум **qovurgan tuxum** *gebratenes Ei*	Eierkuchen
колбаса **kolbasa**	Wurst
ветчина **vetchina**	Schinken
блин **blin**	Pfannkuchen
сир **sir**	Käse
бутерброд **buterbrod**	belegtes Brot
мураббо **murabbo**	Konfitüre
қаймоқ **qaymoq**	Sahne
чой **choy**	Tee
қаҳва **qahva**	Kaffee
ёғ **yog‘**	Butter
бўлканон **bo‘lkanon**	Brötchen

In Usbekistan trinkt man nur Tee zum Frühstück. In einem großen und modernen Hotel bekommt man ein europäisches Frühstück.

Menga qahva choy-ga qaraganda yoq-a-di.
mir(4) Kaffee Tee-4 als mögen-GZ-er
Ich mag Kaffee lieber als Tee.

Qorn-im och.
Bauch-mein hungrig
Ich habe Hunger.

Chanqa-yap-man.
dürsten-MG-ich
Ich habe Durst.

im Restaurant

... yemoq-chi e-di-k.
... essen-wollend sein-BV-wir
Wir möchten ... (haben).

nonushta	Frühstück
obed	Mittagessen
kechki ovqat *abendliches Essen*	Abendbrot

Biz nonushta qilmoq-chi e-di-k.
wir Frühstück machen-wollend sein-BV-wir
Wir möchten frühstücken.

obed qilmoq *Mittagessen machen*	zu Mittag essen
kechki ovqat-ni yemoq *abendliche Speise-3 essen*	zu Abend essen

Restoran soat necha-gacha ochiq bo'l-a-di?
Restaurant Stunde wie-viele-bis offen sein-GZ-er
Wann schließt das Restaurant?

Biz-ga soat yetti-ga dasturxon yasab qo'y-sa-ngiz.
uns-4 Stunde sieben-4 gedeckter Tisch serviert stellen-falls-ihr
Können wir einen Tisch für sieben Uhr haben?

Biz-ga to'rt-kishilik dasturxon yasab qo'y-sa-ngiz.
uns-4 vier-Personen gedeckter Tisch serviert stellen-wenn-ihr
Können wir einen Tisch für vier Personen haben?

Bo'sh stol bor-mi?
frei Tisch es-gibt-?
Gibt es einen freien Tisch?

Bor, marhamat.
es-gibt bitte
Ja, bitte.

Afsuski, bo'sh stol-lar yo'q.
leider frei Tisch-Mz es-gibt-nicht
Nein, es ist leider alles besetzt.

Bestellen

Menga menyu-ni ber-ing.
mir(4) Speisekarte-3 gib-Sie
Geben Sie mir bitte die Speisekarte!

меню	**menyu**	Speisekarte
газак	**gazak**	Vorspeise
шўрва	**sho'rva**	Suppe
асосий таом	**asosiy taom** *wesentliches Essen*	Hauptgericht
десерт	**desert**	Dessert
ичимликлар	**ichimlik-lar** *Getränk-Mz*	Getränke

Sizga nema-lar kerak?
ihr-4 was-Mz nötig
Was möchten Sie (essen)?

Lag'mon bo'l-a-di-mi?
Lagman es-gibt-GZ-er-?
Haben Sie Lagman?

Shirguruch bor-mi?
Milch-Reis es-gibt-?
Gibt es Schirgurutsch?

Sizda qanaqa go'shtli ovqat-lar bor?
ihr-6 welche fleischig Gericht-Mz es-gibt
Welche Fleischgerichte haben Sie?

Qo'y go'sht-i-dan qilingan qovurdoq bor.
Hammel Fleisch-sein-5 gemacht Braten es-gibt
Es gibt Hammelbraten.

Menga qovurma sho'rva bo'l-sa.
mir(4) Kowurma Schurwa sein-falls
Ich möchte eine Kowurma-Schurwa.

Menga qovurilgan barra go'sht-i ber-ing.
mir(4) gebraten Lamm Fleisch-sein gib-Sie
Geben Sie mir gebratenes Lammfleisch!

Menga mastava ber-ing.
mir(4) Mastawa gib-Sie
Geben Sie mir (eine) Mastawa!

Kabob qo'y go'sht-i-dan-mi
yoki mol go'sht-i-dan-mi?
Schaschlik Hammel Fleisch-sein-5-?
oder Rind Fleisch-sein-5-?
Ist das Hammel- oder Rindfleisch-Schaschlik?

Menga uch / to'rt six kabob ber-ing.
mir(4) drei / vier Spieße Schaschlik gib-Sie
Bringen Sie mir drei / vier Spieße Schaschlik!

Go'shtsiz ovqat bor-mi?
Fleisch-ohne Essen es-gibt-?
Haben Sie etwas ohne Fleisch?

Men vegetarianets-man.
ich Vegetarier-ich
Ich bin Vegetarier.

Men go'sht ye-ma-y-man.
ich Fleisch essen-nicht-GZ-ich
Ich esse kein Fleisch.

Menga yana bir ... ber-ing.
mir(4) noch eins ... gib-Sie
Bringen Sie mir bitte noch ein(e) ... !

tarelka	Teller
piyola	Tasse, Teeschale
stakan	Glas
vilka	Gabel
pichoq	Messer
qoshiq	Löffel

Totli bo'l-sin!
schmackhaft sein-soll
Guten Appetit!

Sog' bo'l-ing!
gesund sei-Sie
Zum Wohl!, Prost!

Bezahlen

Pul-i qancha?
Geld-sein wie-viel
Wie viel muss ich zahlen?

Nationalgerichte

Die usbekische Küche ist reich an Nationalgerichten. Im folgenden führe ich die wichtigsten an, die man mittags oder auch abends im Restaurant bestellen kann.

Vorspeisen

қази **qazi**	Pferdefleischwurst
қарти **qarti**	Pferdedärme
ҳасип **hasip**	Wurst aus Hammelfleisch und Reis
думба-жигар **dumba-jigar**	Leberbraten
яхна гўшт **yaxna go'sht**	Kaltes Hammel- oder Rindfleisch mit Gewürzen

Suppen

Die beliebtesten Suppen sho'rva *und* mastava *isst man nicht nur zu Mittag und zu Abend, sondern auch zum Frühstück.*

калла шўрва **kalla sho'rva**	Suppe aus Hammelkopf und -haxen
дармон шўрва **darmon sho'rva**	Hühnerbrühe mit Kräutern
угра оши **ugra oshi**	Fleischsuppe mit Nudeln, Zwiebeln, Tomaten
мастава **mastava**	Reissuppe mit Hackfleisch. Dazu gibt es Sauermilch.
қовурма шўрва **qovurma sho'rva**	Hammelfleisch-Suppe mit Zwiebeln und Tomaten

ловия оши **loviya oshi**	Fleischsuppe mit Bohnen
ширқовоқ **shirqovoq**	Milchsuppe mit Kürbis
қийма шўрва **qiyma sho'rva**	Reissuppe mit Fleischklößen, Zwiebeln, Knoblauch, Tomaten

Die Gerichte darmon sho'rva, qovurma, lo'la kabob *und* dumba-jigar *haben einen „morgenländischen" Duft.*

Hauptgerichte

чучвара **chuchvara**	mit Hammel- oder Kalbfleisch und Zwiebeln gefüllte Teigtaschen
қовурма чучвара **qovurma chuchvara**	in Schmalz oder Butter gebratene Tschutschvara
манти **manti**	mit Fleisch und Zwiebeln oder Kürbis und Kartoffeln gefüllte Teigtaschen
лағмон **lag'mon**	Nudeln mit Fleisch, Möhren, Kohl, Tomaten; angebraten und in Bouillon geschmort
лўла кабоб **lo'la kabob**	Schaschlik aus Hackfleisch
жигар кабоб **jigar kabob**	Schaschlik aus Leber
қовурма жаркоп **qovurma jarkop**	Braten
дўлма **do'lma**	Gehacktes mit Reis in Kraut- oder Weinblättern
палов, ош **palov, osh**	gekochter Reis mit Hammelfleisch (Plow)

Nachtisch

Holva ist eine Paste aus gemahlenen Erdnüssen oder Sonnenblumensamen mit Zucker und Gewürzen.

холва **holva**	Halwa
холвайтар **holvaytar**	in Butter gebratenes Mehl mit Zucker
болқаймоқ **bolqaymoq**	Sahne, Honig und Mehl
ёнғоқли асал **yong'oqli asal**	Nüsse und Honig
мураббо **murabbo**	Konfitüre
торт **tort**	Torte

Siz meva yeyish-ni ista-y-siz-mi?
ihr Obst Essen-3 wollen-GZ-ihr-?
Möchten Sie frisches Obst?

... bor-mi?
... es-gibt-?
Haben Sie ... ?

Bizda ... bor.
wir-6 ... es-gibt
Wir haben ...

мева	**meva**	Obst
олма	**olma**	Apfel
кулупнай	**qulupnay**	Gartenerdbeere
олча	**olcha**	Kirsche
қовун	**qovun**	Melone
шафтоли	**shaftoli**	Pfirsich
олхўри	**olxo'ri**	Pflaume
тарвуз	**tarvuz**	Wassermelone
гилос	**gilos**	Weichselkirsche
узум	**uzum**	Weintrauben

Trinken & Getränke

спиртсиз ичимликлар
spirtsiz ichimlik-lar
Alkohol-ohne Getränk-Mz
alkoholfreie Getränke

минерал сув	mineral suv *Mineral Wasser*	Mineralwasser
сут	sut	Milch
қаймоқ	qaymoq	Sahne
какао	kakao	Kakao
сироп	sirop	Sirup
шарбат	sharbat	Saft
лимонад	limonad	Limonade
кофе, қаҳва	kofe, qahva	Kaffee
фамил чой	famil choy *Familie Tee*	schwarzer Tee
кўк чой	ko‘k choy *blauer Tee*	grüner Tee

ширчой shirchoy	Tee mit Milch und Butter (statt Wasser) und mit Salz und Pfeffer (statt Zucker)
қимиз qimiz	leicht alkoholische Stuten-Sauermilch
кўк чой ko‘k choy	grüner Tee
чалоб chalob	kaltes Getränk aus Sauermilch mit Wasser, Stückchen Eis und Kräutern

Typisch usbekisch sind die folgenden Getränke. Versuchen Sie sie ruhig einmal!

„Taschkenter Wasser" ist eine Mineralwasser-Marke.

Toshkent suv-i / limonad bor-mi?
Taschkent Wasser-sein / Limonade es-gibt-?
Haben Sie „Taschkenter Wasser" / Limonade?

спиртли ичимликлар
spirtli ichimlik-lar
alkoholisches Getränk-Mz
alkoholische Getränke

Osh bo'l-sin!
Speise sein-soll
Prost!

пиво	**pivo**	Bier
вино	**vino**	Wein
оқ вино	**oq vino**	Weißwein
шампанский	**shampanskiy**	Sekt
коньак	**konyak**	Cognac
ром	**rom**	Rum
арақ	**araq**	Wodka

Einkaufen

Einkaufen in Usbekistan ist nicht auf orientalische Basare beschränkt, auch wenn diese für Touristen wohl am reizvollsten sind. So gibt es etwa in Taschkent hochmoderne Einkaufszentren, anderswo immerhin Supermärkte, und Eckläden überall.

Es stehen Ihnen eine ganze Reihe von Geschäften zur Auswahl.

магазин **magazin**	Geschäft
универмаг **univermag**	Kaufhaus
тайёр кийимлар магазини **tayyor kiyim-lar magazini** *fertige Kleidung-Mz Laden-ihr*	Konfektionsgeschäft

озиқ-овқат магазини **oziq-ovqat magazin-i** *Essen Laden-sein*	Lebensmittelgeschäft
гастроном **gastronom**	Lebensmittelgeschäft
нон дўкони **non do'kon-i** *Brot Laden-sein*	Bäckerei
китоб магазини **kitob magazin-i** *Buch Laden-sein*	Buchhandlung
упа-элик моллари **upa-elik mol-lar-i** *Puder-Schminke Ware-Mz-ihre*	Parfümerie
совға магазини **sovg'a magazin-i** *Geschenk Laden-sein*	Souvenirladen
киоска, дўконча **kioska, do'koncha**	Kiosk

Einkaufen

Mit einem Smartphone können Sie sich die mit einem gekennzeichneten Sätze dieses Kapitels anhören.

Eng yaqin magazin qayerda?
am-meisten nah Laden wo
Wo ist der nächste Laden?

Poyabzal magazin-i qayerda?
Schuhwerk Laden-sein wo
Wo ist ein Schuhgeschäft?

... qayerda sot-il-a-di?
... wo verkaufen-Pass-GZ-es
Wo gibt es ... ? / Wo kann man ... kaufen?

sopol buyum-lar *irdenes Ding-Mz*	Keramik
muzika asbob-lar-i *Musik Instrument-Mz-ihr*	Musikinstrumente
plastinka-lar	Schallplatten
qimmatbaho buyum *kostbares Ding*	Schmuck(waren)
o'qinchoq	Spielzeug
gazmol-lar	Stoffe
soat-lar	Uhren

Bu menga ma'qul.
das mir(4) angenehm
Das gefällt mir.

Bu menga yoq-ma-y-di.
das mir(4) gefallen-nicht-GZ-es
Das gefällt mir nicht.

Bu menga to'g'ri kel-ma-y-di.
das mir(4) richtig kommen-nicht-GZ-es
Das passt mir nicht. *(Kleidung)*

auf dem Markt

Ein orientalischer Markt (bozor) ist, sowohl in der Stadt als auch im Dorf, ein sehr malerischer Ort mit all seinem Gedränge, herumfahrenden Eselskarren und Händlern in bunter Kleidung, die ihre Ware anpreisen. Hier können Sie verschiedenste Sorten Gemüse, Obst, Kräuter und Gewürze kaufen.

Auf einem großen Markt können Sie auch Plow, Manti oder Lagman essen, Tee oder Bier trinken, Kleidung, Schuhe und Kunsthandwerk kaufen.

Uzum-ingiz necha pul?
Traube-eure wie-viele Geld
Wie viel kosten Ihre Trauben?

Kilo-si necha pul?
Kilo-sein wie-viele Geld
Wie viel kostet ein Kilo davon?

Muncha qimmat?
so teuer
So teuer?

Qimmat-ku!
teuer-ja
Das ist ja teuer!

Menga besh yuz gramm ber-ing.
mir(4) fünf hundert Gramm gib-Sie
Geben Sie mir 500 Gramm!

Yana biror narsa?
noch eine Sache
Sonst noch etwas?

Boshqa narsa yoq.
andere Sache es-gibt-nicht
Nein, das wäre alles.

Sizga necha pul berish-im kerak?
ihr-4 wie-viele Geld Geben-mein notwendig
Wie viel muss ich Ihnen bezahlen?

Versuchen Sie mal, ein wenig zu handeln!

Bu menga juda qimmat.
dieses mir(4) sehr teuer
Das ist mir zu teuer.

O‘z-im bilan birga shuncha pul-im yo‘q.
selbst-ich mit zusammen so-viel Geld-mein es-gibt-nicht
Ich habe nicht so viel Geld dabei.

Men ... so‘m ber-a-man, yaxshi-mi?
ich ... Sum geben-GZ-ich gut-?
Ich gebe ... Sum, ist es gut?

Mana sizga uch so‘m.
hier-ist ihr-4 drei Sum
Hier haben Sie drei Sum.

Mayda pul-ingiz bor-mi?
klein Geld-euer es-gibt-?
Haben Sie Kleingeld?

Mayda pul-im yo‘q.
klein Geld-mein es-gibt-nicht
Ich habe kein Kleingeld.

Qog‘oz-ga o‘rab ber-ing.
Papier-4 eingepackt gib-Sie
Packen Sie es bitte ein!

Lebensmittel

нон	non	Brot
булка	bulka	Brötchen
сариғ ёғ	sarig' yog' *gelbes Fett*	Butter
тухум	tuxum	Ei(er)
музқаймоқ	muzqaymoq	Eis
гўшт	go'sht	Fleisch
балиқ	baliq	Fisch
печенье	pechenye	Gebäck
парранда	parranda	Geflügel
сабзавот	sabzavot	Gemüse
асал, бол	asal, bol	Honig
товуқ	tovuq	Huhn
картошка	kartoshka	Kartoffel(n)
сир	sir	Käse
мармелад	marmelad	Marmelade
сут	sut	Milch
мева	meva	Obst
гуруч	guruch	Reis
мол гўшти	mol go'sht-i *Vieh Fleisch-sein*	Rindfleisch
қаймоқ	qaymoq	Sahne
колбаса	kolbasa	Wurst

Obst & Gemüse

олма	olma	Apfel
нок	nok	Birne
ловия	loviya	Bohnen
бодринг	bodring	Gurke
олча	olcha	Kirsche

карам	karam	Kohl
ошқовоқ	oshqovoq	Kürbis
қовун	qovun	Melone
сабзи	sabzi	Möhre
ёнғоқ	yong'oq	Nuss (Nüsse)
шафтоли	shaftoli	Pfirsich
олхўри	olxo'ri	Pflaume
помидор	pomidor	Tomate
тарвуз	tarvuz	Wassermelone
узум	uzum	Weintrauben
лимон	limon	Zitrone
пиёз	piyoz	Zwiebel, Lauch

Kräuter & Gewürze

шакар	shakar	Zucker
туз	tuz	Salz
горчица	gorchitsa	Senf
мурч	murch	Pfeffer
укроп	ukrop	Dill
зира	zira	Kreuzkümmel
занжабил	zanjabil	Ingwer
саримсоқ	sarimsoq	Knoblauch

Bank & Geld

Die usbekische Währung heißt so'm *(Sum)* und ist in 100 tiyin *(Tijin)* unterteilt. Travellerschecks sind in Usbekistan völlig unbekannt. In fast allen Banken findet man Angestellte, die auch Englisch beherrschen.

Der Wechselkurs des Sum zum Euro war 2019 etwa 10 000 : 1.

Geldautomaten sind zwar in Usbekistan nicht unbekannt, man kann dort aber nur mit Kreditkarten Bargeld abheben. Die bei uns gängige Girokarte (EC-Karte) wird leider nicht akzeptiert.

Men pul alishish-ni xohla-y-man.
ich Geld Wechseln-3 wollen-GZ-ich
Ich möchte Geld wechseln.

Bank soat necha-gacha ochiq bo'l-a-di?
Bank Stunde wie-viele-bis offen sein-GZ-sie
Bis wann hat die Bank auf?

Bugun qaysi kurs?
heute welcher Kurs
Wie ist heute der Wechselkurs?

Bu yerda valuta / pul alishish mumkin-mi?
dieser Ort-6 Devisen / Geld Wechseln möglich-?
Kann ich hier Devisen / Geld umtauschen?

Yuz yevro alishish-im kerak.
hundert Euro Tausch-mein nötig
Ich möchte 100 Euro umtauschen.

...-ning badaliga necha so'm ol-a-man?
...-2 in-Tausch wie-viele Sum bekommen-GZ-ich
Wie viel Sum bekomme ich für ... ?

yuz dollar	100 US-Dollar
yuz baks	100 US-Dollar *(Umgangssprache)*
yuz shveytsariyalik frank	100 Schweizer Franken
yuz yevro	100 Euro

Bu yerda imzo qo'y-ing.
dieser Ort-6 Unterschrift stelle-Sie
Unterschreiben Sie bitte hier!

bank, banka	Bank
davlat bank-i *Staat Bank-seine*	Staatsbank
valuta ayirboshlash *Devisen Austauschen*	Wechselstube
kassa	Kasse, Schalter
pul	Geld
naqt pul *bares Geld*	Bargeld
tanga, chaqa	Münze
mayda pul *kleines Geld*	Kleingeld
qog'oz aqcha *Papier Geld*	Geldschein
valuta	Devisen
turistik chek *touristischer Scheck*	(Traveller-)Scheck
kredit kartochka-si *Kredit Karte-seine*	Kreditkarte
kurs	Wechselkurs
pul(-ni) alishmoq *Geld(-4) tauschen*	Geld tauschen

Post

Wenn Sie das Postamt aufsuchen wollen, müssen Sie auf folgendes Schild achten:

ПОЧТА
pochta
Postamt

Eng yaqin pochta bo'lim-i qayerda?
am-meisten nah Post Abteilung-sein wo
Wo ist das nächste Postamt?

Pochta qaysi soat-lar-da ishla-y-di?
Post welche Stunde-Mz-6 arbeiten-GZ-sie
Wann ist die Post geöffnet?

Marka-lar qayerda sot-il-a-di?
Marke-Mz wo verkaufen-Pass-GZ-es
Wo werden Briefmarken verkauft?

Men posilka-ni jo'natish-im kerak.
ich Paket-3 Absendung-mein notwendig
Ich muss ein Paket aufgeben.

Men faks yubormoq-chi-man.
ich Fax schicken-wollend-ich
Ich möchte ein Fax schicken.

Pochta quti-si qayerda?
Post Kasten-sein wo
Wo ist ein Briefkasten?

Post

jo'natuchi, yuboruvchi	Absender
adres	Adresse
xat	Brief
pochta qutisi *Post Kasten-ihr*	Briefkasten
marka	Briefmarke
konvert	Briefumschlag
zakaznoy	eingeschrieben
blank	Formular
aviapochta	Luftpost
banderol	Päckchen
posilka	Paket
pochta xarajat-lar-i *Post Ausgabe-Mz-ihre*	Porto
pochta	Postamt
otkritka	Postkarte
indeks	Postleitzahl
telefaks	Telefax
telegrama	Telegramm
gumruk	Zoll
gumruk bayonnoma-si *Zoll Erklärung-seine*	Zollerklärung

Konvert / Otkritka bor-mi?
Briefumschlag / Postkarte es-gibt-?
Gibt es Briefumschläge / Postkarten?

Menga bitta / ikkita konvert ber-ing.
mir(4) eins-Stück / zwei-Stück Umschlag gib-Sie
Geben Sie mir einen Umschlag / zwei Umschläge.

Men shu xat-ni ... yubormoq-chi-man.
ich dieser-da Brief-3 ... senden-wollend-ich
Ich möchte diesen Brief ... abschicken.

Der Ländername, den Sie in diesen Satz einsetzen, erhält die Fallendung -ga.

Germaniya-ga *Deutschland-4*	nach Deutschland
Shveytsariya-ga *Schweiz-4*	in die Schweiz
Avstriya-ga *Österreich-4*	nach Österreich

Telefonieren

In größeren Städten gibt es moderne öffentliche Telefone mit Magnetkarten. In kleineren Städten ist die Telefonverbindung veraltet. Dort muss man z. T. noch das Gespräch beim „Telefon-Telegraf“ **(телеграф)** anmelden und warten, bis die Verbindung zustande gekommen ist. In Dörfern gibt es meistens nur die Möglichkeit, von der Post aus zu telefonieren.

In den größeren Städten funktioniert das Mobilfunknetz gut, und es gibt keine Probleme, von dort nach Deutschland anzurufen. Es gibt aber auf dem Land auch noch zahlreiche „taube Winkel“ ohne Netzabdeckung. Dort muss man sich auf das gute alte Festnetz verlassen.

Telefonieren

telefon	Telefon
avtomat-telefon *Automat-Telefon*	Münzfernsprecher
doimiy telefon *permanentes Telefon*	Festnetztelefon
uyali telefon *zelluläres Telefon*	Mobiltelefon, Handy
uyali aloqa operator-i *zelluläre Verbindung Operateur-ihr*	Mobilnetzbetreiber
komutator	Vermittlung, Telefonzentrale *(z. B. in einer Firma)*
kod, telefon kod-i *Code, Telefon Code-sein*	Vorwahl
telefon nomer-i *Telefon Nummer-sein*	Telefonnummer
telefon-da so'zlashish *Telefon-ö Gespräch*	Telefongespräch
yerli so'zlashish *örtliches Gespräch*	Ortsgespräch
xalqaro so'zlashish *internationales Gespräch*	Auslandsgespäch
telefon-da gaplashmoq *Telefon-ö sprechen*	telefonieren

Telefon qilish-im kerak.
Telefon Machen-mein nötig
Ich muss telefonieren.

Avtomat-telefon qayerda?
Automat-Telefon wo
Wo ist eine Telefonzelle?

Qayerdan telefon qilisch mumkin?
woher Telefon Machen möglich
Wo kann man telefonieren?

Men Berlin bilan gaplashmoq-chi-man.
ich Berlin mit sprechen-wollend-ich
Ich möchte nach Berlin telefonieren.

Gaplashuv necha pul tur-a-di?
Gespräch wie-viele Geld kosten-GZ-es
Wie viel wird das Gespräch kosten?

Den folgenden Satz sagt man zum Beispiel zu einer Telefonistin einer Telefonzentrale, wenn man in einem Unternehmen anruft und mit einem der Angestellten verbunden werden möchte:

...-ni telefon-ga chaqirip ber-ing.
...-3 Telefon-4 gerufen gib-Sie
Rufen Sie bitte ... an den Apparat!

Abonent javob ber-ma-y-di.
Teilnehmer Antwort geben-nicht-GZ-er
Der Teilnehmer antwortet nicht.

In Usbekistan meldet man sich am Telefon mit Allo! *(Hallo!)*.

... gapir-yap-ti.
... sprechen-MG-er
Hier spricht ...

Kim gapir-yap-ti?
wer sprechen-MG-er
Mit wem spreche ich?

Men ...-aka bilan gapirishmoq-chi-man.
ich ...-Herr mit sprechen-wollend-ich
Ich möchte Herrn ... sprechen.

Wenn man eine Frau sprechen möchte, ersetzt man -aka *(Herr)* durch -opa *(Frau)*. Beachten Sie, dass beide Anhängsel sind, die dem Namen nachgestellt werden.

U uy-da-mi?	**Ha, u uy-da.**
er/sie Haus-6-?	*ja er/sie Haus-6*
Ist er / sie zu Hause?	Ja, er / sie ist zu Hause.

Yo'q, u uy-da yo'q.
nein er/sie Haus-6 es-gibt-nicht
Nein, er / sie ist nicht zu Hause.

Biroz kut-ing.
bisschen warte-Sie
Einen Moment, bitte!

Iltimos, bir soat-dan keyin yana telefon qil-ing.
Bitte eins Stunde-5 nach wieder Telefon mache-Sie
Bitte rufen Sie in einer Stunde nochmal an!

Un-ga aitib qo'y-ing, men telefon qil-di-m.
er-4 sagend stelle-Sie ich Telefon machen-BV-ich
Sagen Sie ihm bitte, dass ich angerufen habe.

Men kechroq yana telefon qil-a-man.
ich später wieder Telefon machen-GZ-ich
Ich rufe später nochmal an.

Iltimos, bu-ni ... ayt-ing.
Bitte dieses-3 ... sag-Sie
Bitte sagen Sie das ... !

... yana ...	... noch einmal
... sekin-roq ...	... langsamer
... qattiq-roq ...	... lauter

Uyali telefon bu yerda ishla-y-di-mi?
zelluläres Telefon dieser Ort-6 arbeiten-GZ-es-?
Funktioniert das Handy hier?

Uyali telefon-ni qayerda zaryadlash mumkin?
zelluläres Telefon-3 wo Aufladen möglich
Wo kann man das Handy aufladen?

Siz-dan SIM-karta-ni olish mumkin-mi?
ihr-5 SIM-Karte-4 Kaufen möglich-?
Kann man bei Ihnen eine SIM-Karte kaufen?

Internet

Sie können Ihre E-Mails in jeder größeren Stadt im Internet-Café senden oder lesen. Auf dem Dorf wird es aber problematisch sein.

Bu yerda elektron pochta xabar-i-ni yuborish / olish mumkin-mi?
dieser Ort-6 elektronische Post Nachricht-ihr-4 Senden / Bekommen möglich-?
Kann ich hier E-Mails versenden / empfangen?

Mana mening elektron adres-im.
hier-ist meine elektronische Adresse-meine
Hier ist meine E-Mail-Adresse.

Behörden

Als Tourist sollte man versuchen, mit Behörden möglichst wenig in Berührung kommen. Dies gilt besonders für die fast allgegenwärtige Polizei. Zwar wird man als Ausländer häufig privilegiert behandelt, andererseits ist man verdächtig und gilt automatisch als reich. Versuche von Beamten, Bestechungsgelder (pora), zu erhalten, sind daher sehr häufig. Die Aufforderung solche zu zahlen wird meist etwas versteckt, z.B. in der Bitte um ein Geschenk (sovg'a). Man sollte solche Aufforderungen, wenn irgend möglich, höflich ignorieren.

Formulare

Mit dem folgenden Satz können Sie einen Beamten bitten, Ihnen beim Ausfüllen eines Formulars zu helfen.

Гумрук баённомасини қай тарзда тўлдириш керак?
Gumruk bayonnoma-si-ni qay tarz-da to'ldirish kerak?
Zoll Erklärung-seine-3 welche Form-6 Ausfüllen nötig
Wie muss die Zollerklärung ausgefüllt werden?

формуляр	**formulyar**	Formular
исм	**ism**	Vorname
фамилия	**familiya**	Nachname
адрес	**adres**	Adresse
кўча	**koʻcha**	Straße
турар жой	**turar joy** *Wohn Ort*	Wohnort
келиш	**kelish**	Ankunft, Einreise
жўнаш	**joʻnash**	Abreise, Ausreise

Zoll

паспорт контроли **pasport kontrol-i** *Pass Kontrolle-seine*	Passkontrolle
гумрук контроли **gumruk kontrol-i** *Zoll Kontrolle-seine*	Zollkontrolle
чет эл паспорти **chet-el pasport-i** *außerhalb-Nation Pass-sein*	Reisepass
бож ҳақи **boj haq-i** *Zoll Zahlung-seine*	Zollgebühren
гумрук баённомаси **gumruk bayonnoma-si** *Zoll Erklärung-seine*	Zollerklärung

Boj uchun biror narsa bor-mi?
Zoll für irgendeine Sache es-gibt-?
Haben Sie etwas zu verzollen?

Бу совғалар / шахсий буюмлар.
Bu sovg'a-lar / shaxsiy buyum-lar.
dies Geschenk-Mz / persönlich Ding-Mz
Das sind Geschenke / persönliche Dinge.

Polizei

Usbekistan hat sich im Frühjahr 2019 dem Trend der meisten ex-sowjetischen Staaten angeschlossen und per Präsidentendekret die Bezeichnung „Miliz" für seine Polizei abgeschafft. Inwieweit sich aber die neuen Sprachregelungen im alltäglichen Sprachgebrauch durchsetzen werden, muss erst noch die Zukunft zeigen.

Милиция чақиринг.
Militsiya chaqir-ing.
Miliz ruf-Sie
Rufen Sie die Polizei!

Яқиндаги милиция пости қаерда?
Yaqindagi militsiya post-i qayerda?
nächste Miliz Wache-ihre wo
Wo ist die nächste Polizeiwache?

Менга ҳужум қилдилар.
Menga hujum qil-di-lar.
mir(4) Überfall machen-BV-Mz
Man hat mich überfallen.

Мени ўғирлаб кетдилар.
Meni o'g'irlab ket-di-lar.
mich(3) bestohlen gehen-BV-Mz
Man hat mich bestohlen.

Мен қоғозларимин йўқотдим.
Men qog'oz-lar-im-ni yo'qot-di-m.
ich Papier-Mz-mein-3 verlieren-BV-ich
Ich habe meine Papiere verloren.

Fotografieren

Bevor Sie einfach fotografieren, fragen Sie lieber nach, ob das auch erlaubt ist.

Бу ерда сурат олиш мумкинми?
Bu yerda surat olish mumkin-mi?
dieser Ort-6 Bild Nehmen möglich-?
Darf man hier fotografieren?

Сурат олиш ман қилинади!
Surat olish man qil-in-a-di!
Bild Nehmen Verbot machen-Pass-GZ-es
Fotografieren verboten!

Siz-ni surat-ga olish mumkin-mi?
ihr-3 Bild-4 Nehmen möglich-?
Darf ich Sie fotografieren?

fotoaparat	Fotokamera	
raqamli fotoaparat	Digitalkamera	*Ziffern Fotoapparat*
videokamera	Videokamera	
obyektiv	Objektiv	
batareya-lar	Batterien	
hotira karta-si	Speicherkarte	*Gedächtnis Karte-ihre*
fotorasm, fotosurat	Fotografie	
rang-li plonka	Farbfilm	*Farbe-mit Film*
surat olmoq	fotografieren	*Bild nehmen*
film-ni surat-ga olmoq	filmen	*Film-3 Bild-4 nehmen*
format	Format	
projavitel-ga solmoq	entwickeln *(Film)*	*Entwickler-4 legen*
projavitel bilan ischlasch	Entwicklung	*Entwickler mit Bearbeitung*

Rauchen

Wenn man rauchen möchte, gilt auch hier: besser vorher um Erlaubnis fragen!

Usbekistan gehört zu den Ländern, in denen das Rauchen in der Öffentlichkeit nach wie vor gesetzlich nur wenig eingeschränkt ist. In öffentlichen Institutionen ist es weitgehend verboten; in Restaurants bestimmt der Besitzer die Regeln des Hauses (und ist vielfach selber Raucher ...).

Bu yerda chekish mumkin-mi?
dieser Ort-6 Rauchen möglich-?
Darf man hier rauchen?

Чекиш мумкин эмас!
Chekish mumkin emas!
Rauchen möglich nicht-seiend
Rauchen verboten!

Чекилмасин!
Chekil-ma-sin!
rauchen-nicht-es-soll
Rauchen verboten!

Siz-da zajigalka bor-mi?
ihr-6 Feuerzeug es-gibt-?
Haben Sie Feuer?

sigaret	Zigarette(n)
filter-li sigaret *Filter-mit Zigarette*	Filterzigarette(n)
filter-siz sigaret *Filter-ohne Zigarette*	Zigarette(n) ohne Filter
trubka	Pfeife
tamaki	Tabak
gugurt	Streichholz (-hölzer)
nosvoy	Kautabak

Krank sein

Medizinische Hilfe bekommen Sie in Polikliniken und Krankenhäusern. Als Ausländer müssen Sie diese privat bezahlen. Niedergelassene Ärzte gibt es nur selten. Man sollte unbedingt eine kleine Reiseapotheke mitnehmen. Viele Arzneien bekommen Sie nicht.

Es sind auch wirkungslose oder gar gefährliche Produktfälschungen im Umlauf. Auch sind die pharmazeutischen und medizinischen Fachkenntnisse vieler Apotheker zweifelhaft.

поликлиника **poliklinika**	Poliklinik
касалхона **kasalxona**	Krankenhaus
регистратура **registratura**	Aufnahme
врач, доктор **vrach, doktor**	Arzt
қабул вақти **qabul vaqt-i** *Empfang Zeit-seine*	Sprechstunde
қабулхона **qabulxona** *Empfang-Zimmer*	Wartezimmer

Яқин ўртада касалхона борми?
👂 **Yaqin oʻrta-da kasalxona bor-mi?**
nah Mitte-6 Krankenhaus es-gibt-?
Gibt es ein Krankenhaus hier in der Nähe?

👂 **Bu yerda doktor bor-mi?**
dieser Ort-6 Doktor es-gibt-?
Gibt es einen Arzt hier?

Mit einem Smartphone können Sie sich die mit einem 👂 gekennzeichneten Sätze dieses Kapitels anhören.

Врач чақириш керак.
Vrach chaqirish kerak.
Arzt Rufen notwendig
Rufen Sie bitte einen Arzt!

Илтимос, "Тез ёрдам"-ни чақиринг!
Iltimos, „Tez yordam"-ni chaqir-ing!
Bitte schnelle Hilfe-3 ruf-Sie
Bitte rufen Sie einen Krankenwagen!

beim Arzt

Temperatura-ni o'lcha-di-ngiz-mi?
Temperatur-3 messen-1BV-ihr-?
Haben Sie die Temperatur gemessen?

Issig'-ingiz bor.
Fieber-euer es-gibt
Sie haben Fieber.

Issig'-ingiz yo'q.
Fieber-euer es-gibt-nicht
Sie haben kein Fieber.

Mening maza-m yo'q.
mein Wohlsein-mein es-gibt-nicht
Ich fühle mich schlecht.

Qayer-ingiz og'ri-yap-di?
welche-Stelle-eure schmerzen-MG-sie
Was tut Ihnen weh?

Mening bosh-im / qulog'-im og'ri-y-di.
mein Kopf-mein / Ohr-mein schmerzen-GZ-es
Mir tut der Kopf / das Ohr weh.

...(i)m og'ri-yap-di.
...-mein schmerzen-MG-es
Mir tut / tun ... weh.

qo'l	Arm; Hand
ko'z	Auge
qorin	Bauch
oyoq	Bein; Fuß
siydik pufag-i	(Harn-)Blase
Harn Blase-seine	
ko'krak	Brustkorb
emchak	Brust *(weibl.)*
ichak	Darm
tanosil a'zo-lar-i	Genitalien
Geschlecht Organ-Mz-sein	
tomoq	Hals
teri	Haut
yurak	Herz
tiz	Knie
suyak	Knochen
bosh	Kopf
jigar	Leber
o'pka	Lunge
qorin	Magen
og'iz	Mund
mushak	Muskel
burun	Nase
buyrak	Nieren
orqa	Rücken
yelka	Schulter
peshona	Stirn
tish	Zahn
til	Zunge

Im Usbekischen bedeutet til *sowohl „Zunge" als auch „Sprache".*

Tez-tez shamollash-im / tumov-im bor.
oft Erkältung-meine / Schnupfen-mein es-gibt
Ich habe oft Erkältung / Schnupfen.

Bu yerda og'ri-yap-ti.
dieser Ort-6 schmerzen-MG-er
Hier tut es mir weh.

Menga ...-(i)m malollik keltir-a-di.
mir(4) ...-mein Unwohlsein bringen-GZ-es
Ich habe Probleme mit ...

In diesen Satz können Sie die Wörter der folgenden Liste unverändert einsetzen.

спид **spid**	Aids
аллергия **allergiya**	Allergie
ангина **angina**	Angina
ичкетар **ichketar**	Durchfall
яллиғланиш **yallig'lanish**	Entzündung
қусуқ **qusuq**	Erbrechen
иссиқ **issiq**	Fieber
грипп **gripp**	Grippe
йўтал **yo'tal**	Husten

юрак оғриғи **yurak og'rig'-i** *Herz Schmerz-sein*	Herzschmerzen
бош оғриғи **bosh og'rig'-i** *Kopf Schmerz-sein*	Kopfschmerzen
қорин оғриғи **qorin og'rig'-i** *Bauch Schmerz-sein*	Magenschmerzen
ҳайз **hayz**	Menstruation
ҳушдан кетиш **hushdan ketish** *Sinn-5 Weggehen*	Ohnmacht
оғриқ **og'riq**	Schmerzen
иккиқатлик **ikkiqatlik**	Schwangerschaft
бош айланиш **bosh aylanish** *Kopf Drehen*	Schwindel
ўқчиш **o'qchish**	Übelkeit

Oyoq siniq.
Bein gebrochen
Das Bein ist gebrochen.

Менинг диабетим бор.
Mening diabet-im bor.
mein Diabetes-mein es-gibt
Ich bin Diabetiker.

beim Zahnarzt

Mening tish-im og'ri-y-di.
mein Zahn-mein schmerzen-GZ-er
Mir tut ein Zahn weh.

Тишни пломбалангиз, суғурманг.
Tish-ni plombala-ngiz, sug'ur-ma-ng.
Zahn-3 plombier-ihr zieh-nicht-Sie
Den Zahn bitte plombieren, nicht ziehen!

Наркозсиз, илтимос қиламан.
Narkoz-siz, iltimos qil-a-man.
Betäubung-ohne Bitte machen-GZ-ich
Bitte keine Betäubung!

Ўзим билан бир-марталик шприц бор.
O'zim bilan bir-martali shprits bor.
ich-selbst mit einmalige Spritze es-gibt
Ich habe eine Einwegspritze dabei.

Apotheke

Zusätzlich zur üblichen Reiseapotheke sollte man sämtliche Hygieneartikel von zu Hause mitnehmen.

дорихона **dorixona**	Apotheke
антибиотиклар **antibiotiklar**	Antibiotika
градусник **gradusnik**	Fieberthermometer

пластирь **plastir**	Pflaster
пахта, вата **paxta, vata**	Watte (Baumwolle)
мазь **maz**	Salbe
таблетка **tabletka**	Tablette
томизғи дори **tomizg'i dori** *Tropfen Arznei*	Tropfen
бинт **bint**	Verband
свеча **svecha**	Zäpfchen
ухлатадиган дори **uxlatadigan dori** *einschläfernde Arznei*	Schlafmittel
аёллар таглиги **ayol-lar tagligi** *Frau-Mz Binde-ihre*	Damenbinden
йўргак **yo'rgak**	(Stoff-)Windel
ичмоқ **ichmoq** *trinken*	zum Einnehmen
сиртқи (дории) **sirtqi (dori)** *äußerliche (Arznei)*	zum Einreiben, äußerlich
болалар учун **bola-lar uchun** *Kind-Mz für*	für Kinder

In der Apotheke kann man auch Verhütungsmittel (homiladorlikka qarshi dori) *kaufen.*

Dorixona qayerda?
Apotheke wo
Wo ist die nächste Apotheke?

Menga biror bosh og'rig'-i qarshi dori ber-ing.
mir(4) irgendein Kopf Schmerz-sein gegen Arznei gib-Sie
Geben Sie mir etwas gegen Kopfschmerzen.

Mana retsept.
hier-ist Rezept
Hier ist mein Rezept.

Siz-da ... bor-mi?
ihr-6 ... es-gibt-?
Haben Sie ... ?

Bu dori-ni qayerdan topish mumkin?
diese Arznei-3 woher Finden möglich
Wo kann man diese Arznei finden?

Toilette

Öffentliche Toiletten sind nicht gerade empfehlenswert, da sie für gewöhnlich ziemlich schmutzig sind. Besser sind private Toiletten und Pachttoiletten. Gewöhnlich gibt es dort auch Toilettenpapier (in öffentlichen Toiletten niemals). Es ist jedoch besser, welches dabeizuhaben.

Ҳожатхона қаерда?
Hojatxona qayerda?
Toilette wo
Wo ist die Toilette?

аёллар учун	**эркаклар учун**
ayol-lar uchun	**erkak-lar uchun**
Frau-Mz für	*Mann-Mz für*
Damen	Herren

Hojatxona qog'oz-i bor-mi?
Toilette Papier-ihr es-gibt-?
Gibt es Toilettenpapier?

Wenn die Toilette gesäubert wird, hängt an der Tür das Schild:

Ёпиқ
yopiq
geschlossen

Schimpfen & Fluchen

Wie in jeder Sprache gibt es auch im Usbekischen ziemlich derbe Ausdrücke. Das Verständnis der Schimpfwörter erleichtert es, manche Situationen besser zu erkennen und zu meistern.

Die folgenden Wörter sind natürlich nicht für den Eigengebrauch gedacht, sondern lediglich für das Verstehen einer Situation.

Eshak!	Esel!
Ahmoq!	Blödmann!
Tentak!	Idiot!, Dummkopf!
Palid!	Gesindel!
Nobakor!	Halunke!, Schurke!
Shayton!	Satan!
Iblis!	Teufel!

Literaturhinweise

Wer sich weiterführend mit der usbekischen Sprache auseinandersetzen möchte, dem sei folgendes Übungsbuch und die folgenden Wörterbücher empfohlen:

Die hier genannten Bücher / Schriften sind nicht über den Reise Know-How Verlag erhältlich.

Kleinmichel, S. / Shumanijasow, A.:
Übungsbuch Usbekisch: Lexik und Grammatik
Wiesbaden: Harrassowitz 1995

Azimova, Nigora:
Uzbek. An Elementary Textbook
Washington: Georgetown University Press 2010

Zu Azimovas amerikanischem Usbekisch-Lehrbuch gibt es auch noch die Fortsetzung „Uzbek: An Intermediate Textbook“ aus dem Jahr 2016. Beide sind sehr ansprechend und modern gemacht, aber leider auch sehr teuer (Internethandel).

Benjaminov, Jakub R.:
Deutsch-Usbekisches Lehrwörterbuch
Toshkent: Uqituvchi 1991

Aloev, J.:
English-Russian-Uzbek Dictionary
Toshkent 1993

Bo'ronov, J. B. / A'loyev, Y. U. / Rahmonberdiyev, K. R.:
Uzbek-English School Dictionary
Toshkent: Uqituvchi 1992

Wörterlisten

Die nachfolgenden Wörterlisten enthalten einen Grundwortschatz Deutsch–Usbekisch und Usbekisch–Deutsch. Wörter, die in den entsprechenden Kapiteln einfach nachgeschlagen werden können, wie z. B. Farbwörter, Zahlen, Wochentage usw., werden hier nicht wiederholt.

Sortierung

o' *folgt als eigenständiger Buchstabe dem* o, *und* g' *folgt dem* g.

Stehen usbekische Wörter in Klammern, können diese weggelassen oder aber zum besseren Verständnis ergänzt werden, z. B.:

aussteigen (Bus)
tushmoq (avtobusdan)

Deutsche Wörter in Klammern geben einen Hinweis auf die Verwendungssituation, z. B.:

als (zeitl.) paytda

Beginnt ein Wort mit einem Bindestrich, handelt es sich um eine Endung, die an das zugehörige Hauptwort angehängt wird:

-gacha bis

Die Grundform-Endung -moq *der Tätigkeitswörter und die Mehrzahlendung* -lar *werden in den Wörterlisten ohne Bindestrich geschrieben.*

ketmoq abfahren
odamlar Leute

... und nicht ket-moq *oder* odam-lar.

Dasselbe gilt für alle Bindestriche, die nur aus Gründen der besseren Erkennbarkeit geschrieben worden sind.

Abkürzungen

Weitere Abkürzungen, die in den Wörterlisten verwendet werden:

(+2)	*Das zugehörige Hauptwort muss im 2. Fall gebeugt werden.*
(+ Pers.)	*Die Personalendungen müssen angehängt werden.*
Umst.	*Umstandswort*
Eig.	*Eigenschaftswort*
etw.	*etwas*
zeitl.	*zeitlich*
örtl.	*örtlich*
dipl.	*diplomatisch*
geogr.	*geographisch*

A

Abend oqshom, kechqurun
Abendessen kechki ovqat
aber ammo, lekin, biroq
abfahren ketmoq
abfliegen uchmoq, uchib ketmoq
abschleppen shatakka olmoq
Adresse adres
Alkohol spirtli ichimlik
alle hamma, barcha
allein yolg'iz
alles hammasi, hamma narsa
als (Vergleich) qaraganda
als (zeitl.) paytda
alt (nicht jung) qari
alt (nicht neu) eski
Alte (Greisin) kampir
Alter (Greis) qariya, chol
Alter (Lebensalter) yosh
Andenken esdalik
anfangen boshlamoq
Angestellte(r) xizmatchi
Angst ko'rqish
anhalten to'xtatmoq
ankommen kelmoq
Ankunft kelish
Antwort javob
antworten javob bermoq
Apotheke apteka, dorixona
arbeiten ishlamoq
Arbeiter ishchi
arm kambag'al
Arzt vrach, doktor
auch ham
auf ustida
Aufenthalt bo'lish, turish
aufhören to'xtatmoq
aufstehen turmoq
aufwachen uyg'onmoq
aus -dan
Ausfuhr eksport
Ausgang chiqish
Ausland chet el(lar)
Ausländer chet ellik
ausländisch chet
Ausreise jo'nash
Aussprache talaffuz
aussteigen (Bus) tushmoq (avtobusdan)
Ausstellung ko'rgazma, vistavka
Ausweis pasport
ausziehen yechmoq
Auto mashina, avtomobil
Autowerkstatt avtoremont ustaxonasi

B

baden cho'milmoq
Badezimmer vannaxona
Bahnhof vokzal
Bahnsteig platforma
bald tez, darrov, tezda
Bank (Geld) bank
Bargeld naqt pul
Batterie batareya
bauen qurmoq
Bauer dehqon
Baum daraxt
beeilen, sich shoshmoq
beenden tamom qilmoq
begegnen uchratmoq
begleiten kuzatmoq
begrüßen salom bermoq
behandeln davolamoq
Behörde idora, boshqarma
bei yonida
Beispiel misol
bekanntmachen, sich tanishmoq
beleidigen xafa qilmoq
benachrichtigen bildirmoq
Benzin benzin
Berg tog'
Beruf kasp, hunar
berühmt mashhur
beschweren, sich nolimoq
besichtigen tomosha qilmoq
Besitzer ega
besser yaxshiroq
bestellen zakaz qilmoq
Bestellung zakaz, buyurtma
bestrafen shetraf qilmoq
Besuch vizit
besuchen kelmoq
betrügen aldamoq
betrunken mast
Bett o'rin, karavot
Bettdecke ko'rpa
Bettzeug ko'rpa-yostiq
bevor oldin
Beweis dalil
bezahlen to'lamoq
Bier pivo
Bild surat, rasm
billig arzon
Binde taglik
bis -ga, -gacha
bisschen: ein b. biroz
bitte (sehr) marhamat
Bitte iltimos
Blatt (Baum) japroq, barg
Blatt (Papier) varaq
bleiben qolmoq
Bleistift qalam

Deutsch – Usbekisch

Blume gul
Boot qayiq
Botschaft (dipl.) elchixona
Brand yong'in
Brauch odat
brauchen: man braucht kerak
breit keng
brennen yonmoq
Brief xat, maktub
Briefmarke pochta markasi
Briefumschlag konvert
Brille ko'zoynak
bringen olib kelmoq
Brot non
Brücke ko'prik
Brust (weibliche) emchak
Brust(korb) ko'krak
Buch kitob
buchen bron bermoq
Buchstabe harf
bunt guldor
Burg qal'a
Bürger (Staats-) grajdan
Büro idora
Bus avtobus

C

Chauffeur shofyor
Chef boshlik

D

da shu yerda
Dach tom
damit (um zu) toki, uchun
danach so'ngra, undan keyin
danke rahmat
dann keyin
darum shuning uchun
dass ki
Datum chislo
dauern davom qilmoq
Decke (Bett-) ko'rpa
dein, -e sening
denken o'ylamoq
Denkmal haykal, anat
deshalb shuning uchun
deutsch nemis
Deutscher, -e nemis
Deutschland Germaniya
Devisen valuta
Dialekt dialekt, sheva
dick (Buch) qalin
dick (Mensch) semiz
Diebstahl o'g'irlik
dieser, -e, -es bu, shu
Ding narsa
Diskothek diskotek
Dokument(e) hujjat
Dolmetscher tarjimon
Dorf qishloq
dort u yerda
dorthin u yerga
dringend tezda
du sen
dumm ahmoq
dunkel qorong'i
dünn yupqa
durch orqali
Durchfall ichketish
dürfen -ish mumkin
Durst chanqoqlik
Durst haben ichmoqchi-... *(+ Pers.)*

E

echt asl
Ehefrau xotin
Ehemann er
Ehepaar er-xotin
Ei tuxum
Eigentum mulk
einander bir-birini
einfach oson
Einfuhr import
Eingang kirish
einige bir necha, ba'zi, allaqancha
einladen taklif qilmoq, chaqirmoq
Einladung taklif
einmal bir marta
einsteigen o'tirmoq
eintreten kirmoq
einverstanden rozi
Einwohner turuvchi
Eis (Speise-) muzqaymoq
Eisenbahn temir yo'l
Eiter yiring
Eltern ota-ona
empfangen qabul qilmoq
empfehlen maslahat bermoq
Ende tamom, oxir
eng tor
englisch ingliz
entscheiden qaror qilmoq
entschuldigen, sich kechirim so'ramoq
er u
er (höfl.) u kishi
Erde yer
Ereignis voqea
Erfolg jutuq
erhalten olmoq

erholen, sich dam olmoq
erinnern, sich esda saqlamoq
erkältet sein shamollamoq
erklären tushuntirmoq
erlauben ruxsat bermoq
Erlaubnis ruxsat
Ermäßigung imtiyoz
Ersatzteil zapas qismi
erzählen hikoya qilmoq, aytib bermoq, so'zlab bermoq
essen yemoq
Etage qavat
etwa taxminan
etwas bir necha, biroz
euer, eure sizning

F

Fabrik fabrika
Faden ip
Fähre parom
fahren yurmoq, bormoq
Fahrkarte bilet
Fahrplan jadval
Fahrpreis yo'l kirasi
Fahrrad velosiped
Fahrzeug mashina
falsch (gefälscht) qalbaki
falsch (unrichtig) noto'g'ri
Familie oila
Familienname familiya
Farbe rang
Farbfilm rangli film
faul (Obst) chirik
faul (träge) erinchak
Fehler xato, yanglish
Feier bayram
feiern bayram qilmoq
feilschen savdo qilmoq
Feld dala
Fenster deraza
Ferien kanikul
fern uzoq
Fernsehgerät televizor
fertig tayyor
fest qattiq
Fest bayram
feucht ho'l
Feuer o't, olov
Fieber isitma
Film film, plonka
finden topmoq
Finger barmoq
Fisch baliq
Flasche shisha
Fleisch go'sht
fleißig tirishqoq
fliegen uchmoq
Flughafen aeroport
Flugticket samolot bileti
Flugzeug samolot
Fluss daryo
Folklore folklor
Formular blank
Fotoapparat fotoaparat
Fotografie fotografiya, surat olish
fotografieren surat olmoq
Frage savol
fragen so'ramoq
Frau xotin, ayol
Frau: junge F. qiz
frei ozod
fremd birovning
freuen, sich xursand bo'lmoq
Freund do'st, oshna, og'ayni
Freundin dugona
freundlich do'stona, o'rtoqlarcha
Freundschaft do'stlik
Frieden tinchlik, totuvlik
frieren sovqotmoq
frisch (Obst) yangi
fröhlich xursand, shod
Frucht meva
früh erta, vaqtli
Frühling bahor, ko'klam
Frühstück nonushta
frühstücken nonushta qilmoq
fühlen, sich his qilmoq
Führung ekskursiya
für uchun
fürchten, sich qo'rqmoq
Fuß ojoq
Fuß: zu F. ayov, piyoda

G

Gabel vilka, sanchqi
ganz sira, butunlay
Garten bog'
Gas gaz
Gasse tor ko'cha
Gast qo'noq, mehmon
Gastfreundschaft mehmondo'stlik
Gastgeber mehmondor
Gaststätte kafe, qahvaxona, ovqatxona, oshxona
Gebäck pechenye
Gebäude bino
geben bermoq
Gebirge tog'lik
Gebühr gumruk
Geburtstag tug'ilgan kun
gefährlich xavfli

gefallen joqmoq
Gefängnis turma, qamoqxona
Gefäß idish
Gefühl sezgi, his
gegen qarshi(da)
Gegend joy, yer
gegenüber ro‘parada
Gehalt moyana, maosh, ish haqi
gehen bormoq, yurmoq
Geld pul
Gemüse sabzavot
gemütlich shinam
genau aniq
genau (Umst.) xuddi
genug bo‘ldi
Gepäck bagash, yuk
geradeaus to‘g‘ri
gern jon deb
Geschäft (Laden) magazin, do‘kon
Geschäft (Tätigkeit) ish
Geschenk sovg‘a, hadya
Geschichte (Erzählung) hikoya
Geschichte (Historie) tarix
Gesellschaft jamiyat
Gesetz qonun
Gespräch suhbat, gap
gestern kecha
gesund sog‘
Gesundheit sog‘lik
Getränk ichimlik
Gewicht og‘irlik
Gewitter jala
gewöhnen, sich (an) ko‘nikmoq
Gewürz dorivor
Gift zahar
Glas (Material) oyna, shisha
Glas (Trink-) stakan
glauben (denken) o‘ylamoq
glauben (vertrauen) ishonmoq
Glück baxt
glücklich baxtli
Gold oltin
Gott Olloh, Xudo, Tangri
Gramm gram
Grammatik gramatika
Gras o‘t
gratulieren tabriklamoq
Grenze chegara
Grippe grip, tumov
groß katta, zo‘r, ulkan
Größe (Kleidung u. a.) o‘lchov, razmer
Gruppe guruh, grupa
grüßen tabriklamoq
grüßen, sich salomlashmoq
gültig haqiqiy
gut yaxshi

H

Hafen port
Hälfte yarim
halten ushlamoq
Haltestelle ostanovka, bekat
Handel savdo
hart qattiq
Haus uy
Hausfrau uy bekasi
heben ko‘tarmoq
Heftpflaster plastir, malham
heiß issiq
helfen yordam bermoq
hell yorug‘
Herbst kuz
Herz dil, yurak
herzlich samimiy
heute bugun
hier bu yerda, shu yerda
Hilfe yordam
hinten orqada
hinter orqada, orqasida
hoch baland
hoch (groß) yuqori
Hochzeit qiz to‘yi
hoffen ishonmoq
höflich odobli, xushfe’l
Holz jog‘och, jog‘och taxta
hören eshitmoq
Hotel mehmonxona
hungrig och
Hygiene gigiyena

I

ich men
ihr, -e (Ez) uning
ihr, -e (Mz) ularning
Ihr, -e Sizning
immer har qachon, hamisha, yoymo
impfen payvant qilmoq
in (örtl.) -da
in (zeitl.) -dan keyin
Industrie sanoat
Information axborot, ma’lumot, xabar
informieren, sich xabar olmoq
Insekt hasharot, qurt
Insel orol
interessant qiziq, ajoyib
interessieren, sich (für) (...-ga) qiziqmoq
international xalqaro

J

ja ha
Jahr yil
Jahreszeit yil fasli
jährlich har yilgi
jeder, -e, -es har (bir), har kim
jedesmal har marta
jemand kimdir, allakim
jener, -e, -es u
jetzt hozir, endi
Journalist jurnalist
jung yosh
Junge bola, o'g'il bola, yigit

K

kalt sovuq
kaputt ishlamadi
Karte (Land-) karta
Kasse kassa
kaufen (sotib) olmoq
kennen bilmoq
Kind bola
Kino kino
Kirche cherkov
Kleidung kiyim
klein (jajji) kichik, kichkina
klein (Mensch) pastgina
klug aqlli
Kneipe pivoxona
kochen pishirmoq
Koffer chemodan
kommen kelmoq
kompliziert murakkab
können qila olmoq
Konsulat konsulxona
kontrollieren tekshirmoq
Konzert konsert
kosten (Preis) turmoq
kosten (probieren) tatib ko'rmoq
kostenlos bepul, pulsiz, tekin
krank kasal
Krankenhaus kasalxona
Krankheit kasallik, xastalik
kühl sovuq, salqin
Kühlschrank xolodilnik
Kunst san'at
Kunstgewerbe (Waren) qo'l hunari
kurz qisqa, kalta
küssen o'pmoq

L

lächeln kulimsiramoq, iljaymoq
lachen kulmoq
Lage (geogr.) vaziyat
Laken choyshap
Lampe lampa
Land mamlakat
Landkarte karta
Landschaft landshaft, manzara
Landwirtschaft qishloq xo'jaligi
lang (Entfernung) uzun
lange (zeitl.) uzoq
langsam sekin, asta
langweilig zerikarli
laufen (rennen) yugurmoq
laut qattiq
leben yashamoq
Leben hayot
Lebensmittel oziq-ovqat
ledig bo'ydoq
leer bo'sh
legen qo'ymoq, solmoq
Lehrer muallim, o'qituvchi
Lehrerin muallima, o'qituvchi ayol
leicht (nicht schwer) yenggil
leihen, sich qarz(ga) olmoq
lernen o'qimoq
lesen o'qimoq
Leute odamlar
Licht nur
lieben sevmoq, yaxshi ko'rmoq
Lied ashula, qo'shiq
liegen (Mensch) yotmoq
liegen (Sache) turmoq
links chapga, chapda
Loch teshik
Löffel qoshiq
Lohn (Gehalt) moyana, maosh, ish haqi
lügen aldamoq
lustig shod, quvnoq, xursand

M

machen qilmoq
Mädchen qiz
Mädchen (kleines) qizcha, qizaloq
malen rasm solmoq
manchmal ba'zan
Mann erkak
Markt bozor
Medikament dori
Meer dengiz
mehr ko'proq
mein, -e mening
Menge (Quantität) miqdor
Mensch kishi, odam, inson
merken, sich yodlab olmoq

Messer pichoq
mieten ijaraga olmoq
Minute minut
mit bilan
Mittag tush
Mittagessen (tushki) ovqat
möglich mumkin
Monat oy
morgen ertaga
Morgen erta(lab), tong
Motor motor
Motorboot motorli qayiq
Motorrad motosikl
müde horg'in
Müll axlat
Museum muzey
Musik muzika, cholg'u
müssen: man muss kerak

N

nach (Richtung) -ga
nach (zeitl.) keyin, so'ng
Nachmittag tushtan keyin
Nachricht xabar
nächstes Mal kelasi safar
Nacht tun
nackt yalang'och
Nadel nina
nah yaqin
Name nom, ot, ism
nass no'l
Nationalität millat
Natur tabiat
natürlich albatta
neben yonida
nehmen olmoq
nein yo'q
neu yangi
neugierig qiziq, sinchkov
nicht emas
nichts hech nima, hech narsa
niedrig past
niemals hech qachon
niemand hech kim
nirgendwo hech qayerda
nirgendwohin hech qayoqqa
noch yana, tag'in
noch einmal yana bir marta
Norden shimol
normal normal
notwendig kerak
Nummer nomer
nur faqat

O

ob -mi
oben yuqorida
Obst meva(lar)
oder yo, yoki, yoxut
öffnen ochmoq
oft tez-tez, o'qtin-o'qtin
ohne -siz
Öl moy, yog'
organisieren tashkil qilmoq
Ort (Stelle) joy, o'rin, yer
Osten sharq
Österreich Avstriya
Österreicher avstriyalik
Österreicherin avstriyalik ayol
österreichisch Avstriya ...-(s)i

P

paar: ein p. bir necha
Paar juft
Päckchen banderol
Paket paket
Palast saroy
Panne (Auto) avariya
Papier qog'oz
Park park, bog'
Pass (Reise-) pasport
Patient kasal, patsiyent
Pause tanaffus
Person shaxs
Pflanze o'simlik
Plan plan
Platz (öffentl.) maydon
Platz (Sitzplatz) yer
Platzkarte platskarta
plötzlich to'satdan
Politik siyosat
Polizei militsiya
Post(amt) pochta
Postkarte otkritka
Preis baho, narx
privat xususiy
Problem problema, masala
Programm programa

Q / R

Qualität sifat
Radiogerät radio
rauchen chekmoq
Raum bino, imorat, uy
rechnen sanamoq
Rechnung hisob
Recht huquq, haq
rechts o'ngga, o'ngda, o'ng tomonga
reden so'zlamoq, gapirmoq, demoq
Regen yomg'ir

Regenschirm zont(ik)
registrieren qayd qilmoq
reich boy
reif pishgan
Reifen shina
Reise sayohat
Reisebüro sayohatlar byurosi
reisen sayohat qilmoq
reparieren tuzatmoq, remont qilmoq
reservieren bron bermoq
Restaurant restoran
Rettungswagen tez yordam
richtig to'g'ri, rost
Richtung yo'nalish
roh xom
Rückfahrt qaytish yo'li
Rucksack rukzak
rückständig qoloq
rufen chaqirmoq
Ruhe tinchlik

S

Sache narsa
sagen aytmoq, gapirmoq
Salbe malham
Salz tuz
sammeln yig'moq
Sand qum
satt to'q
Satz (sprachl.) gap
sauber toza
saubermachen tozalamoq
sauer (Speise) nordon
Schallplatte plastinka
scharf o'tkir, keskin
Scheck chek
Schere qaychi
schicken (senden) yubormoq
schießen o'quzmoq
Schiff kema
schlafen uxlamoq
Schlafzimmer uxlash xonasi
schlagen urmoq
Schlange ilon
schlecht yomon
Schloss (Gebäude) qal'a, saroy
Schlüssel kalit, ochqich
schmackhaft mazali, lazzatli
Schmerz og'riq
schmerzen og'rimoq
Schmuck bezak
schmutzig iflos
Schnaps aroq
schnell tez, tez-tez
schon endi
schön go'zal, chiroyli, so'lim
schreiben yozmoq
schreien chaqirmoq
Schuh oyoq kiyimi
schuldig aybli
Schule maktab
Schüler(in) o'quvchi
schwanger ikkiqat
Schweiz Shveytsariya
Schweizer shveytsariyalik
SchweizerIn shveytsariyalik ayol
schweizerisch Shveytsariya ...-(s)i
schwer (Gewicht) og'ir
schwierig (nicht einfach) qiyin, mushkul
schwimmen suzmoq
schwitzen terlamoq
See ko'l
sehen ko'rmoq
Seide ipak
Seife sovun
Seil tros
sein (Verb) bo'lmoq
sein, -e uning
seit -dan
Seite (Richtung) tomon
Sekunde sekund
selbst o'z
selten siyrak, kam-kam
setzen, sich o'tirmoq
sicher ishonchli
sie (Ez) u
sie (Mz) ular
Sie (höfl. Anrede) Siz
Silber kumush
singen ashula aytmoq, kuylamoq
sitzen o'tirmoq
so shunday, shunaqa
sofort tezlik bilan, darrov, darhol
solcher (-e, -es) shunday, bunday
Sommer yoz
Sonne quyosh, oftob
sparen tejamoq
spät kech
spazierengehen sayr qilmoq
Speise ovqat, taom
Speisekarte menyu
spielen o'ynamoq
Spielzeug o'yinchoq
Sport sport
Sprache til
sprechen gaplashmoq, so'zlashmoq, gapirishmoq
Spritze ukol

Staatsangehörigkeit grajdanlik
Stadt shahar
stark kuchli
stehen turmoq
Stein tosh
Stelle (Ort) joy, o'rin, yer
stellen qo'ymoq
sterben o'lmoq
Stil (Architektur) stil
Stimme ovoz
Stoff gazlama
stören xalaqit bermoq
Strafe shtraf, jarima
Strand plash
Straße ko'cha
Straßenbahn tramvay
Streichholz gugurt
streiten bahslashmoq
Stück dona
Student student
Stunde soat
suchen qidirmoq, axtarmoq
Süden janub
Summe summa
Suppe sho'rva, suyuq osh
süß shirin

T

Tabak tamaki
Tablette tabletka
Tag kun
täglich har kun(i)
Tal vodiy, uva, soy
Tankstelle AZQS
tanzen o'ynamoq
Tasche (Hand-) sumka
Tasche (Kleidung) cho'ntak
Taxi taksi
Telefon telefon
telefonieren telefon qilmoq
teuer (Person) aziz
teuer (Preis) qimmatli
Theater teatr
tief chuqur
Tier hayvon, jonivor
Tod o'lim, o'lish
Toilette hojatxona
Toilettenpapier hojatxona qog'ozi
tot o'lgan, o'lik
töten o'ldirmoq
Tradition odat, an'ana
tragen olib bormoq
traurig g'amli
treffen (begegnen) uchratmoq
Treppe zina
trinken ichmoq
Trinkgeld choychaqa
trocken quruq
tschüss! xayr!
tun qilmoq
Turm minora
Tür eshik

U

über (örtl.) ustida
über (zeitl.) -dan keyin
überall har yerda, hamma joyda
übermorgen indin, indinga
übersetzen (Sprache) tarjima qilmoq
Übersetzer tarjimon
Überweisung perevot
übrig qolgan
Uhr (Stunde) soat
um (zeitl.) -da
um zu -toki, uchun
Umgebung atrof
Umleitung aylanma yo'l
umtauschen alishmoq
Umweg aylanma yo'l
Umwelt muhit
unbekannt noma'lum
und va
Unfall avariya, halokat
Universität universitet
unschuldig gunohsiz
unser, -e bizning
unten pastda
unter -ning tagida
Unterhaltung suhbat
Unterkunft boshpana
unterrichten dars bermoq
unterschreiben qo'l qo'ymoq
Urlaub otpuska

V

verabreden, sich kelishmoq
verabschieden, sich hayrlashmoq
verboten taqiq
Verbrechen jinoyat
verdienen ishlab topmoq
vergessen unutmoq
vergnügen, sich ovunmoq
verirren, sich adashib qolmoq
verkaufen sotmoq
verleihen (an) prokatka bermoq
verletzt yarador
Verletzung yara
verlieben, sich sevib qolmoq

verlieren (etw.) mahrum bo'lmoq, yo'qotmoq
vermieten ijaraga bermoq
Vermittlung telefon punkti
Versicherung straxovaniye
verspäten, sich kechikmoq
verstehen tushunmoq, fahmlamoq
versuchen urinmoq
viel ko'p, ancha
vielleicht ehtimol, balki
Vogel qush, parranda
Volk xalq
voll to'la, to'liq
von -dan
vor oldida
vorbereiten tayyorlamoq
vorgestern o'tgan kuni
vorher ilgarilar
Vormittag tushtan oldida
Vorname ism, nom, ot
vorne oldi(n)da
vorstellen tanitmoq
vorstellen, sich o'zini tanitmoq

W

Wagen mashina
wahr (richtig) to'g'ri, rost
während vaqtida
Wald o'rmon
Wand devor
wandern sanqimoq
wann? qachon?
Ware mol
warm issiq
warten kutmoq
warum? nega?, nima uchun?, nimaga?
was? nima?
waschen yuvmoq
waschen, sich yuvinmoq
Wasser suv
Watte paxta, vata
wechseln maydalamoq
wecken uyg'otmoq
Weg yo'l
wegen orqasidan, sababli, uchun
weil chunki
weinen yig'lamoq
weit uzoq
welcher, -e, -es? qanday?, qanaqa?
wenig kam, oz
wenn (als) paytda, ... vaqt(i)da
wenn (falls) agar
wer? kim?
werden bo'lmoq
Westen g'arb
Wetter havo
wichtig muhim, ahamiyatli
wie (Vergleich) -day
wie? qanday?
wie viel? qancha?
wie viele? qancha?, nechta?
wie viele? (Zähl- und Maßeinheiten) necha?
wieder yana
wiederholen qaytarmoq
Wind shamol
Winter qish
wir biz
wissen bilmoq
wo? qayerda?
Woche hafta
woher? qayerdan?
wohin? qayerga?
wohnen turmoq
Wohnung kvartira
wollen istamoq, xohlamoq
Wort so'z
Wörterbuch lug'at
Wunde yara
wünschen tilamoq, istamoq

Z

zahlen to'lamoq
Zahnarzt tish doktori
Zahnpasta tish pastasi
zeigen ko'rgazmoq, ko'rsatmoq
Zeit vaqt, zamon
Zeitung gazeta
Zelt palatka, chodir
Zentrum markaz
Zigarette sigaret
Zimmer xona, uy, nomer
Zoll gumruk
zu (+ Eig.) juda (ham)
zufrieden xursand, shod
Zug poyezd
zurück orqada
zusammen birga
zwischen o'rtasida

Usbekisch – Deutsch

A

adashib qolmoq sich verirren
adres Adresse
aeroport Flughafen
ajib erstaunlich, wunderbar
ajoyib interessant
agar wenn, falls
ahamiyatli wichtig
ahmoq dumm
albatta natürlich
aldamoq betrügen, lügen
alishmoq umtauschen
allakim irgendjemand
allanima irgendetwas
allaqancha irgendwelche
ammo aber
an'ana Tradition
ancha ziemlich viel, gut
aniq genau
apteka Apotheke
aqlli klug
aroq Schnaps
arzon billig
ashula Lied
ashula aytmoq singen
asl echt
asta langsam
atrof Umgebung
avariya Panne, Unfall
Avstriya Österreich
avstriyalik Österreicher
avtobus Bus
avtomobil Auto
avtoremont ustaxonasi Autowerkstatt
axborot Information
axlat Müll
axtarmoq suchen
aybli schuldig
aylanma yo'l Umleitung, Umweg
ayol Frau
ayov zu Fuß
aytib bermoq erzählen
aytmoq sagen
aziz teuer (Person)
AZQS Tankstelle

B

bagaj Gepäck
baho Preis
bahor Frühling, Wind
bahslashmoq streiten
baland hoch
baliq Fisch
banderol Päckchen
bank Bank (Geld)
barcha alle
barg Blatt (Baum)
barmoq Finger
batareya Batterie
baxt Glück
baxtli glücklich
bayram Feier, Fest
bayram qilmoq feiern
ba'zan manchmal
ba'zi einige
bekat Haltestelle
bepul kostenlos
bezak Schmuck
bilan mit
bildirmoq benachrichtigen
bilet Fahrkarte
bilmoq kennen, wissen
bino Gebäude; Raum
bir marta einmal
bir necha einige, paar
bir-birini einander
birga zusammen
biroq aber
birovning fremd
biroz ein bisschen
biz wir
bizniki uns gehörend
bizning unser, -e
blank Formular
bobo(jon) Großvater
bog' Garten, Park
bola Junge, Kind
bor es gibt
bormoq fahren, gehen
boshlamoq anfangen
boshlik Chef
boshpana Unterkunft
boshqarma Behörde
boy reich
bozor Markt
bo'ldi genug
bo'lish Aufenthalt
bo'lmoq sein, werden
bo'sh leer
bo'ydoq ledig
bron bermoq buchen, reservieren
bu dieser, -e, -es
bu yerda hier
bugun heute
bunday solcher, -e, -es
butunlay ganz

buvi Großmutter
buyurtma Bestellung

Ch

chanqoqlik Durst
chapda, chapga links
chaqirmoq rufen, schreien (um Hilfe); einladen
chegara Grenze
chek Scheck
chekmoq rauchen
chemodan Koffer
cherkov Kirche
chet ausländisch
chet el(lar) Ausland
chet ellik Ausländer
chiqish Ausgang
chirik faul (Obst)
chiroyli schön
chislo Datum
chodir Zelt
cholg'u Musik
choychaqa Trinkgeld
cho'milmoq baden
chunki weil
chuqur tief

D

dala Feld
dalil Beweis
dam olmoq sich erholen
daraxt Baum
darhol sofort
darrov bald, sofort
dars bermoq lehren, unterrichten
daryo Fluss
davolamoq behandeln
davom qilmoq dauern
dehqon Bauer
demoq reden, sagen
dengiz Meer
deraza Fenster
devor Wand
dil Herz
diskotek Diskothek
doktor Arzt
dona Stück
dori Medikament
dorivor Gewürz
dorixona Apotheke
do'kon Geschäft
do'st Freund
do'stlik Freundschaft
do'stona freundlich
dugona Freundin

E

ega Besitzer
ehtimol vielleicht
ekskursiya Führung
eksport Ausfuhr
elchixona Botschaft (dipl.)
emas nicht
emchak Brust (weibliche)
endi jetzt, schon
er Ehemann
erinchak faul, träge
erkak Mann
erta früh; Morgen
ertaga morgen
ertalab Morgen
er-xotin Ehepaar
esda saqlamoq sich erinnern
esdalik Andenken
eshik Tür
eshitmoq hören
eski alt (nicht neu)

F

fabrika Fabrik
fahmlamoq verstehen
familiya Familienname
faqat nur
film Film
folklor Folklore
fotoaparat Fotoapparat
fotografiya Fotografie

G

-gacha bis
gap Gespräch; Satz
gapirishmoq sprechen
gapirmoq reden, sagen
gaplashmoq sprechen
gaz Gas
gazeta Zeitung
gazlama Stoff
Germaniya Deutschland
gigiyena Hygiene
go'sht Fleisch
go'zal schön
grajdan Staatsbürger
grajdanlik Staatsangehörigkeit
gram Gramm
grip Grippe
grupa Gruppe
gugurt Streichholz
gul Blume
guldor bunt
gumruk Gebühr; Zoll
gunohsiz unschuldig

Usbekisch – Deutsch

guruh Gruppe

G'

g'amli traurig
g'arb Westen

H

ha ja
hadya Geschenk
hafta Woche
halokat Unfall
ham auch
hamma alle
hamma joyda überall
hamma narsa alles
hammasi alles
haq Recht
haqiqiy gültig
har bir jeder, -e, -es
har kim jeder, -e
har kun(i) täglich
har marta jedesmal
har qachon immer
har yerda überall
har yilgi jährlich
harf Buchstabe
hasharot Insekt
havo Wetter
haykal Denkmal
hayot Leben
hayrlashmoq sich verabschieden
hayvon Tier
hech kim niemand
hech nima nichts
hech qachon niemals
hech qayerda nirgendwo
hech qayoqqa nirgendwohin
hikoya Geschichte, Erzählung
hikoya qilmoq erzählen
his Gefühl
his qilmoq sich fühlen
hisob Rechnung
hojatxona Toilette
hojatxona qog'ozi Toilettenpapier
horg'in müde
hozir jetzt
ho'l feucht
hujjat Dokument(e)
hunar Beruf
huquq Recht

I

ich ketish Durchfall
ichimlik Getränk
ichmoq trinken
ichmoqchi-... *(+ Pers.)* Durst haben
idish Gefäß
idora Behörde, Büro
iflos schmutzig
ijaraga bermoq vermieten
ijaraga olmoq mieten
ikkiqat schwanger
ilgarilar vorher
iljaymoq lächeln
ilon Schlange
iltimos Bitte
imorat Raum
import Einfuhr
imtiyoz Ermäßigung
indin, indinga übermorgen
ingliz englisch
inson Mensch
ip Faden
ipak Seide
ish Geschäft (Tätigkeit)
ish haqi Lohn, Gehalt
ishchi Arbeiter
ishlab topmoq verdienen
ishlamadi kaputt
ishlamoq arbeiten
ishonchli sicher
ishonmoq glauben, vertrauen, hoffen
isitma Fieber
ism Name, Vorname
issiq heiß, warm
istamoq wollen, wünschen

J

jadval Fahrplan
jajji klein
jala Gewitter
jamiyat Gesellschaft
janub Süden
jarima Strafe
javob Antwort
javob bermoq antworten
jinoyat Verbrechen
joy Stelle, Ort, Gegend
jon deb gern
jonivor Tier
jo'nash Ausreise
juda (ham) zu (+ Eig.), zu viel
juft Paar
jurnalist Journalist

K

kafe Gaststätte
kalit Schlüssel
kalta kurz

kam wenig
kambag'al arm
kam-kam selten
kampir Alte, Greisin
kanikul Ferien
karavot Bett
karta Landkarte
kasal krank, Patient
kasallik Krankheit
kasalxona Krankenhaus
kasb Beruf
kassa Kasse
katta groß
kech spät
kecha gestern
kechikmoq sich verspäten
kechirim so'ramoq sich entschuldigen
kechki ovqat Abendessen
kechqurun Abend
kelasi safar nächstes Mal
kelish Ankunft
kelishmoq sich verabreden
kelmoq kommen, ankommen, besuchen
kema Schiff
keng breit
kerak notwendig; man braucht, man muss
keskin scharf
ketmoq abfahren
keyin dann; nach (zeitl.)
keyin: -dan k. in, über (zeitl.)
ki dass
kichik klein
kichkina klein
kim? wer?
kimdir jemand
kimniki? wessen?
kino Kino
kirish Eingang
kirmoq eintreten
kishi Mensch
kitob Buch
kiyim Kleidung
konsert Konzert
konsulxona Konsulat
konvert Briefumschlag
ko'cha Straße
ko'klam Frühling
ko'krak Brust(korb)
ko'l See
ko'nikmoq sich gewöhnen
ko'p viel
ko'prik Brücke
ko'proq mehr
ko'rgazma Ausstellung
ko'rgazmoq zeigen
ko'rmoq sehen
ko'rpa Bettdecke
ko'rpa-yostiq Bettzeug
ko'rqish Angst
ko'rsatmoq zeigen
ko'tarmoq heben
ko'zoynak Brille
kuchli stark
kulimsiramoq lächeln
kulmoq lachen (über etw.)
kumush Silber
kun Tag
kutmoq warten
kuylamoq singen
kuz Herbst
kuzatmoq begleiten
kvartira Wohnung

L

lampa Lampe
landshaft Landschaft
lazzatli schmackhaft
lekin aber
lug'at Wörterbuch

M

magazin Geschäft, Laden
mahrum bo'lmoq verlieren (Ding)
maktab Schule
maktub Brief
malham Heftpflaster; Salbe
ma'lumot Information
mamlakat Land
manzara Landschaft
maosh Lohn, Gehalt
marhamat bitte sehr
markaz Zentrum
masala Problem
mashhur berühmt
mashina Fahrzeug, Auto
maslahat bermoq empfehlen
mast betrunken
maydalamoq wechseln
maydon Platz
mazali schmackhaft
mehmon Gast
mehmondor Gastgeber
mehmondo'stlik Gastfreundschaft
mehmonxona Hotel
men ich
meniki mir gehörend
mening mein, -e
menyu Speisekarte
meva Frucht, Obst
militsiya Polizei
millat Nationalität
minora Turm
minut Minute

miqdor Menge, Quantität
misol Beispiel
moda Mode
mol Ware
motor Motor
motosikl Motorrad
moy Öl
moyana Lohn, Gehalt
muallim Lehrer
muallima Lehrerin
muhim wichtig
muhit Umwelt
mulk Eigentum
mumkin möglich
murakkab kompliziert
mushkul schwierig
muzey Museum
muzika Musik
muzqaymoq (Speise-)Eis

N

naqt pul Bargeld
narsa Ding, Sache; etwas
narx Preis
necha? wie viele? (Einheiten)
nechta? wie viele? (Dinge)
nega? warum?
nemis deutsch; Deutsche(r)
nima? was?
nima uchun? warum?
nimaga? warum?
nolimoq sich beschweren
nom Name, Vorname
noma'lum unbekannt
nomer Nummer; Zimmer (Hotel)
non Brot
nonushta Frühstück
nonushta qilmoq frühstücken
nordon sauer (Speise)
normal normal
no'l nass
nur Licht

O

och hungrig
ochmoq öffnen
ochqich Schlüssel
odam Mensch
odamlar Leute
odat Brauch, Tradition
odobli höflich
oftob Sonne
og'ayni Freund
og'ir schwer (Gewicht)
og'irlik Gewicht
og'rimoq schmerzen
og'riq Schmerz
oila Familie
oldida vor
oldin bevor
oldinda vorne
olib bormoq tragen
olib kelmoq bringen
Olloh Gott
olmoq nehmen, erhalten, kaufen
olow Feuer
oltin Gold
oqshom Abend
orol Insel
orqada hinten, hinter; zurück
orqali durch
orqasida hinter
orqasidan wegen
oshna Freund
oshxona Gaststätte
oson einfach
ostanovka Haltestelle
ot Name, Vorname
ota-ona Eltern
otkritka Postkarte
otpuska Urlaub
ovoz Stimme
ovqat Mittagessen
ovqatxona Gaststätte
ovunmoq sich vergnügen
oxir Ende
oy Monat
oyna Glas (Material)
oyoq Fuß
oyoq kiyimi Schuh
oziq-ovqat Lebensmittel
ozod frei

O'

o'g'il bola Junge
o'g'irlik Diebstahl
o'lchov Größe (Kleidung usw.)
o'ldirmoq töten
o'lgan tot
o'lik tot
o'lim, o'lish Tod
o'lmoq sterben
o'ng tomonga rechts
o'ngda rechts
o'ngga rechts
o'pmoq küssen
o'qimoq lernen, lesen
o'qituvchi Lehrer
o'qtin-o'qtin oft
o'quvchi Schüler
o'quzmoq schießen
o'rin Bett; Stelle, Ort
o'rmon Wald

o'rtasida zwischen
o'rtoqlarcha freundlich
o'simlik Pflanze
o't Feuer; Gras
o'tgan kuni vorgestern
o'tirmoq sich setzen, sitzen; einsteigen
o'tkir scharf
o'yinchoq Spielzeug
o'ylamoq glauben, denken
o'ynamoq spielen, tanzen
o'z selbst; wenig

P

pakana klein (Mensch)
paket Paket
palatka Zelt
park Park
parom Fähre
parranda Vogel
pasport Reisepass, Ausweis
past niedrig
pastda unten
patsiyent Patient
paxta Baumwolle, Watte
paytda wenn, als (zeitl.)
payvant qilmoq impfen
pechenye Gebäck
perevot Überweisung
pichoq Messer
pishgan reif
pishirmoq kochen
pivo Bier
pivoxona Kneipe
piyoda zu Fuß
plan Plan
plash Strand
plastinka Schallplatte
plastir Heftpflaster
platforma Bahnsteig
platskarta Platzkarte
plonka Film
pochta Post(amt)
pochta markasi Briefmarke
port Hafen
poyezd Zug
problema Problem
programa Programm
prokatka bermoq verleihen (an)
pul Geld
pulsiz kostenlos

Q

qabul qilmoq empfangen
qachon? wann?
qahvaxona Gaststätte
qal'a Burg, Schloss
qalam Bleistift
qalbaki falsch
qalin dick (Buch)
qamoqxona Gefängnis
qanaqa? welcher, -e, -es?
qancha? wie viel(e)?
qanday? wie?, welche
qaraganda als (Vergleich)
qari alt (nicht jung)
qariya Alter, Greis
qaror qilmoq entscheiden
qarshi(da) gegen
qarz(ga) olmoq sich leihen (von)
qattiq fest, hart; laut
qavat Etage
qaychi Schere
qayd qilmoq registrieren
qayerda? wo?
qayerdan? woher?
qayerga? wohin?
qayiq Boot
qaytarmoq wiederholen
qaytish yo'li Rückfahrt
qidirmoq suchen
qila olmoq können
qilmoq machen, tun
qimmatli teuer
qish Winter
qishloq Dorf
qishloq xo'jaligi Landwirtschaft
qisqa kurz
qiyin schwierig
qiz Mädchen, Tochter, junge Frau
qizaloq kleines Mädchen
qiziq interessant, neugierig
qiziqmoq: -ga q. sich interessieren (für)
qog'oz Papier
qolgan übrig
qolmoq bleiben
qoloq rückständig
qonun Gesetz
qorong'i dunkel
qoshiq Löffel
qo'l hunari kunstgewerbliche Ware
qo'l qo'ymoq unterschreiben
qo'noq Gast
qo'rqmoq sich fürchten (vor)
qo'shiq Lied
qo'ymoq legen, stellen
qum Sand
qurmoq bauen
qurt Insekt
quruq trocken
qush Vogel
quvnoq lustig

R

radio Radiogerät
rahmat danke
rang Farbe
rangli film Farbfilm
rasm Bild
rasm solmoq malen
razi einverstanden
remont qilmoq reparieren
restoran Restaurant
rost wahr, richtig
ro'parada gegenüber
rukzak Rucksack
ruxsat Erlaubnis
ruxsat bermoq erlauben

S

sabzavot Gemüse
salom bermoq begrüßen
salomlashmoq sich grüßen
salqin kühl
samimiy herzlich
samolot Flugzeug
sanamoq rechnen
san'at Kunst
sanchqi Gabel
sanoat Industrie
sanqimoq wandern
saroy Schloss, Palast
savdo Handel
savdo qilmoq feilschen
savol Frage
sayohat Reise
sayohat qilmoq reisen
sayohatlar byurosi Reisebüro
sayr qilmoq spazierengehen
sekin langsam
sekund Sekunde
semiz dick (Mensch)
sen du
seniki dir gehörend
sening dein
sevib qolmoq sich verlieben
sevmoq lieben
sezgi Gefühl
shahar Stadt
shamol Wind
shamollamoq erkältet sein
sharq Osten
shatakka olmoq abschleppen
shaxs Person
shetraf Strafe
shetraf qilmoq bestrafen
sheva Dialekt
shimol Norden
shina Reifen
shinam gemütlich
shirin süß
shisha Glas (Material); Flasche
shod fröhlich, lustig, zufrieden
shofyor Chauffeur
shoshmoq sich beeilen
sho'rva Suppe
shu dieser, -e, -es da
shu yerda da
shunaqa so
shunday solcher, -e, -es; so
shuning uchun darum, deshalb
Shveytsariya Schweiz
shveytsariyalik Schweizer
sifat Qualität
sigaret Zigarette
sira ganz
siyosat Politik
siyrak selten
siz ihr
Siz Sie (höfl. Anrede)
-siz ohne
sizniki euch gehörend
Sizniki Ihnen gehörend
sizning euer, eure
Sizning Ihr, Ihre (höfl.)
soat Stunde, Uhr
sog' gesund
sog'lik Gesundheit
solmoq legen
sotib olmoq kaufen
sotmoq verkaufen
sovg'a Geschenk
sovqotmoq frieren
sovun Seife
sovuq kalt, kühl
soxta falsch
so'lim schön
so'ng nach (zeitl.)
so'ngra danach
so'ramoq fragen
so'z Wort
so'zlab bermoq erzählen
so'zlamoq reden
so'zlashmoq sprechen
spirtli ichimlik Alkohol
sport Sport
stakan (Trink-)Glas
straxovaniye Versicherung
student Student
suhbat Gespräch
sumka Handtasche
summa Summe
surat Bild
surat olish Fotografie
surat olmoq fotografieren
suv Wasser

suyuq osh Suppe
suzmoq schwimmen

T

tabiat Natur
tabletka Tablette
tabriklamoq grüßen; gratulieren
tagida: -ning t. unter
taglik Binde
tag'in noch
taklif Einladung
taklif qilmoq einladen; vorschlagen
taksi Taxi
talaffuz Aussprache
tamaki Tabak
tamom Ende
tamom qilmoq beenden
tanaffus Pause
Tangri Gott
tanishmoq sich bekanntmachen
tanitmoq vorstellen
taom Speise
taqiq verboten (sein)
tarix Geschichte (Historie)
tarjima qilmoq übersetzen (Sprache)
tarjimon Dolmetscher
tatib ko'rmoq kosten, probieren
taxminan etwa
tayyor fertig
tayyorlamoq vorbereiten
teatr Theater
tejamoq sparen
tekin kostenlos
tekshirmoq kontrollieren
telefon Telefon
telefon kodi Vorwahlnummer
telefon punkti Vermittlung
telefon qilmoq telefonieren
televizor Fernsehgerät
temir yo'l Eisenbahn
terlamoq schwitzen
teshik Loch
tez schnell, bald
tez yordam Rettungswagen
tezda bald, dringend
tezlik bilan sofort
tez-tez schnell; oft
til Zunge; Sprache
tilamoq wünschen
tinchlik Frieden, Ruhe
tirishqoq fleißig
tish pastasi Zahnpasta
tog' Berg
tog'lik Gebirge
toki damit, um zu
tom Dach
tomon Seite (Richtung)
tomosha qilmoq besichtigen
tong Morgen
topmoq finden
tor eng
tor ko'cha Gasse
tosh Stein
totuvlik Frieden
toza sauber
tozalamoq sauber machen
to'g'ri geradeaus; richtig, wahr
to'la voll
to'lamoq (be)zahlen
to'liq voll
to'q satt
to'satdan plötzlich
to'xtatmoq anhalten, aufhören
to'y Fest, Hochzeit
tramvay Straßenbahn
tros Seil
tug'ilgan kun Geburtstag
tun Nacht
turish Aufenthalt
turmoq (auf)stehen; wohnen; liegen (Sache); kosten (Preise)
turuvchi Einwohner
tush Mittag
tushdan keyin Nachmittag
tushdan oldida Vormittag
tushki ovqat Mittagessen
tushmoq aussteigen (Bus)
tushunmoq verstehen
tushuntirmoq erklären
tuxum Ei
tuz Salz
tuzatmoq reparieren

U

u jener, er / sie
u kishi er (höfl.)
u yerda dort
u yerga dorthin
uchib ketmoq abfliegen
uchlamoq schlafen
uchmoq (ab)fliegen
uchratmoq treffen, begegnen
uchun für, damit, um zu
ukol Spritze
ular sie (Mz)
ularniki ihnen gehörend
ularning ihr, ihre (Mz)
ulkan groß

undan keyin danach
uniki ihm gehörend
uning sein, -e, ihr, -e (Ez)
universitet Universität
unutmoq vergessen
urinmoq versuchen
urmoq schlagen
ushlamoq halten
ustida auf, über (örtl.)
uva Tal
uy Haus; Raum, Zimmer
uy bekasi Hausfrau
uyg'onmoq aufwachen
uyg'otmoq wecken
uzoq weit, fern; lange
uzun lang (Entfernung)

V

va und
valuta Devisen
vaqt Zeit
... vaqtida während; wenn (als)
vaqtli früh
varaq Blatt (Papier)
vata Watte
vaziyat Lage (geogr.)
velosiped Fahrrad
vilka Gabel
vistavka Ausstellung
vizit Besuch
vodiy Tal
vokzal Bahnhof
vrach Arzt

X

xabar Information, Nachricht
xabar olmoq sich informieren
xafa qilmoq beleidigen, verärgern
xalaqit bermoq stören
xalq Volk
xalqaro international
xastalik Krankheit
xat Brief
xato Fehler
xavfli gefährlich
xayr! tschüss!
xizmatchi Angestellter, -e
xohlamoq wollen
xolodilnik Kühlschrank
xom roh
xona Zimmer
xotin Frau, Ehefrau
xuddi genau (Umst.)
Xudo Gott
xursand fröhlich, lustig, zufrieden
xursand bo'lmoq sich freuen
xushfe'l höflich
xususiy privat

Y

yalang'och nackt
yana noch, wieder
yangi neu; frisch (Obst)
yanglish Fehler
yaproq Blatt (Baum)
yaqin nah
yara Verletzung, Wunde
yarador verletzt
yarim Hälfte
yasana falsch, unecht
yashamoq leben
yaxshi gut
yaxshi ko'rmoq lieben
yechmoq ausziehen
yemoq essen
yenggil leicht (Gewicht)
yer Erde; Gegend, Ort
yigit Junge
yig'lamoq weinen
yig'moq sammeln
yil Jahr
yil fasli Jahreszeit
yiring Eiter
yo oder
yodlab olmoq sich merken
yoki oder
yog' Öl
yog'och Holz
yolg'iz allein
yomg'ir Regen
yomon schlecht
yong'in Brand
yonida neben, bei
yonmoq brennen
yoqmoq gefallen
yordam Hilfe
yordam bermoq helfen
yorug' hell
yosh jung; Alter (Lebens-)
yotmoq liegen (Mensch)
yoxut oder
yoz Sommer
yozmoq schreiben
yo'l Weg
yo'l kirasi Fahrpreis
yo'nalish Richtung
yo'q nein; es gibt nicht
yo'qotmoq verlieren (Ding)
yubormoq schicken, senden
yugurmoq laufen, rennen
yuk Gepäck
yupqa dünn

Das komplette Programm zum Reisen und Entdecken

Reise Know-How Verlag

- **Reiseführer** – praktische Reisetipps von kompetenten Landeskennern
- **CityTrip** – kompakte Informationen für Städtekurztrips
- **CityTrip**PLUS – umfangreiche Informationen für ausgedehnte Städtetouren
- **InselTrip** – kompakte Informationen für den Kurztrip auf beliebte Urlaubsinseln
- **Wohnmobil-Tourguides** – praktische Reisetipps für Wohnmobil-Reisende
- **Wohnmobil-Tourguide Logbuch** – ein Buch für alles, was auf Fahrten wichtig ist
- **Wanderführer** – exakte Tourenbeschreibungen mit Karten und Anforderungsprofilen
- **KulturSchock** – Orientierungshilfe im Reisealltag
- **Die Fremdenversteher** – kulturelle Unterschiede humorvoll auf den Punkt gebracht
- **Kauderwelsch-Sprachführer** – schnell und einfach die Landessprache lernen
- **Kauderwelsch plus** – Sprachführer mit umfangreichem Wörterbuch
- **world mapping project™** – aktuelle Landkarten, wasserfest und unzerreißbar
- **Reisetagebuch** – das Journal für Fernweh
- **Edition Reise Know-How** – Geschichten, Reportagen und Abenteuerberichte

www.reise-know-how.de

yuqori hoch; groß
yuqorida oben
yurak Herz
yurmoq fahren, gehen
yutuq Erfolg
yuvinmoq sich waschen
yuvmoq waschen

Z

zahar Gift
zakaz Bestellung
zamon Zeit
zapas qismi Ersatzteil
zina Treppe
zo'r groß

Reihe KulturSchock aus dem Reise Know-How Verlag

- Die fundierten Kulturführer skizzieren gesellschaftliche Hintergründe und Entwicklungen
- Sie erklären fremde Denk- und Lebensweisen
- Sie geben eine Orientierung im Reisealltag
- Sie sind hilfreich zur Vorbereitung auf eine Reise und beim tatsächlichen Aufenthalt vor Ort

KulturSchock Usbekistan
Katja Koch
ISBN 978-3-8317-2767-4
264 Seiten | **€ 14,90 [D]**

www.reise-know-how.de